KB064363

힌두의 모든 것

카르마총서
②

힌두의 모든 것

스와미 니르베다난다

김우룡 옮김

HINDUISM AT A GLANCE

Swaimi Nirvedananda

눈빛

카르마(Karma, 業)총서는 인간의 본성을 탐구하며
삶을 통해 죽음을 보고 죽음을 통해 삶을 본다.

HINDUISM AT A GLANCE
Swaimi Nirvedananda
Published by
Secretary, Ramakrishna Mission
Calcutta Students' Home, Belgharia,
Calcutta 700056
First Edition, September 1944

힌두의 모든 것
스와미 니르베다난다 / 김우룡 옮김

초판 1쇄 발행일 — 2022년 11월 7일 / 발행인 — 이규상 / 편집인 — 안미숙
발행처 — 눈빛출판사 서울시 마포구 월드컵북로 361 14층 105호 전화 336-2167 팩스 324-8273
등록번호 — 제1-839호 / 등록일 — 1988년 11월 16일 / 인쇄 — 예림인쇄 / 제책 — 일진제책
값 15,000원
Korean Translation Copyright ⓒ 2022, 김우룡
ISBN 978-89-7409-622-9 04150
ISBN 978-89-7409-620-5 (세트)

라다크리슈난 박사 서문

우리가 살고 있는 이 세대는 역사상 보기 드물게 무거운 운명의 무게에 눌려 있다. 앞선 여러 시기의 경우, 어려운 일이 닥치더라도, 인내하면서 잘 견뎌낼 수 있는 힘을 제공해주는 어떤 보편적 개념이 있었고 거기에 대한 믿음이 존재했다. 오늘날 우리에게는 그런 믿음이 없다. 과학이라는 이름을 지닌 여러 타당한 지식들의 증가로 인해, 오랫동안 이어져 오던 종교적 전통마저 손상되고 있다. 취향이나 견해에 있어 날로 합리적으로 되어가는 현대인의 심성을 납득시키기 위해 필요한 것은, 교조적이고 제도권적인 모습과 구별되는, 중립적이고 근원적인 진리가 유일할 것이다. 힌두이즘의 기본원리들이야말로 과학적 지식과 역사적 비평이 아무리 발전하더라도 하등의 두려움도 가질 필요가 없는 것이라고 저자는 확신하고 있고, 나 역시 그의 견해에 동감한다. 이 작은 책자는 아주 특화된 지식을 전하고 있지만, 전문가가 아니라 일반 지식인 독자들을 대상으로 씌어졌다. 저자는 이 책을 통해 힌두사상의 근원적인 범주들을 명료하고 정확하게 설명하고 있다. 마치 스스로가 그 정보 내용을, 지금 독자와 함께 습득하고 있는 것처럼 생생하게 전할 수 있는 재주를 그는 지니고 있다. 힌두 종교 연구에 대한 빼어난 입문서라고 생각한다.

* 라다크리슈난(S. Radhakrishnan); 20세기의 가장 뛰어난 비교종교학자의 한 사람, 철학자, 정치가이기도 했다. 인도공화국 제2대 대통령을 역임.

저자 초판 서문

　다양하고 수많은 경전과 여러 종파의 무수한 교리들을 바탕으로 하는 힌두이즘을 말하려면, 백과전서적 접근이 필요할 것이 분명해 보인다. 하지만 이 책은 그 이름이 말하는 대로, 이 종교의 두드러진 특성들을 넓게 개괄하는 책이다. 힌두교에 대한 요점 정리라 할 수 있고, 바쁜 독자들에게 도대체 힌두교라는 것이 무언지를 알리는, 그것도 가능한 가장 짧은 시간에 그리하려는 목적으로 씌어졌다.

　인도인 학생들을 주요 독자들로 생각했지만, 인도 밖에 살고 있는 사람들을 포함한 관심 있는 일반 대중들에게도 이 고대 종교에 대해 필요한 정보를 제공하려고 한다. 어느 한쪽으로 기울지 않는 보편적 관점에서 다루려 했고, 현대의 여러 다른 학파들의 견해들도 마땅한 관심을 가지고 다루었다. 제1부는 이 종교의 실제적인 면들을, 제2부는 교리를 주로 다루었다.

　삼사라, 묵티, 부타, 지바 등의 산스크리트 단어들은 힌두 종교와 긴밀히 관련되어 있다. 하나의 커다란 세계라 할 만한 사상들이 이 단어들에 매달려 있다. 힌두사상에 핵심이 되는 여러 열쇠를 제공한다. 이 단어들을 통해 힌두교의 정신 속으로 들어갈 수 있다. 하지만 이 단어들을 옮길 마땅한 영어 단어들이 없다. 원어 그대로 쓴 이유다. 이 말들의 뜻을 명확히 파악해야만 힌두사상의 영토로 들어갈 수 있을 것이다. 물론 각 장에서 이 단어들이 등장할 때마다 가급적 자세히 설명하려 노력했고, 각각의 경우마다 가장 적합하다고 생각되는 영어 표현을 병기했다. 더하여 용어 해설을 책 말미에 붙였다.

산스크리트어와 다른 외국어들은 이탤릭체로 썼다. 사람 이름, 종파, 공동체, 종족, 계급, 장소, 연구 주제 등의 이름은 예외로 했다. 산스크리트어 단어들의 정확한 발음을 위한 발음기호는 부기하지 못했다. 사람이나 장소 이름에서 나오는 경우를 제외하고, 'a'는 part에서의 a처럼 발음하면 될 것이다. 로마 문자 a 이탤릭체로 표기했다.

과분하게 좋은 서문을 써주신 라다크리슈난 박사에게 감사한다. 원고를 꼼꼼하게 봐주신 라마크리슈나 미션의 스와미 마다바난다께 감사한다.

독자들이 그들에게 꼭 필요한 것을 얻게 하는 것이 이 책의 목적이다. 그리된다면 우리의 수고는 제대로 보답될 것이다.

1944년 9월
니르베다난다

차례

줄임말 목록

Ait. Up. 아이타레야 우파니샤드, Aitareya Upanishad

Bh. Pr. 바가바타 푸라나, Bhagavata Purana(슈리마드 바가바탐, Shrimad Bhagavatam)

Br. S. 브라흐마 수트라, Brahma Sutra

Bri. Up. 브리하다라니아카 우파니샤드, Brihadaranyaka Upanishad

Ch. Chmta. 차이타니아 차리탐리타, Chaitanya Charitamrita

Chh. Up. 찬도갸 우파니샤드, Chhandogya Upanishad

Drg. Drs. Vk. 드릭-드리샤 비베카, Drig-Drishya Viveka

Ish. Up. 이샤 우파니샤드, Isha Upanishad

Ka. Up. 카타 우파니샤드, Katha Upanishad

Kai. Up. 카이발리아 우파니샤드, Kaivalya Upanishad

Kau. Up. 카우쉬타키 우파니샤드, Kaushitaki Upanishad

Ke. Up. 케나 우파니샤드, Kena Upanishad

Matri. T. 마트리카베다 탄트라, Matrikabheda Tantra

Mats. Pr. 마치아 푸라나, Matsya Purana

Mnv. Tr. 마하니르바나 탄트라, Mahanirvana Tantra

Mund. Up. 문다카 우파니샤드, Mundaka Upanishad

Rg. Vd. 리그-베다, Rig-Veda

Shwet. Up. 슈웨타쉬바타라 우파니샤드, Shwetashwatara Upanishad

Sw. Viv.'s Comp. Wks. 스와미 비베카난다 전집, Swami Vivekananda's Complete Works

Tait. Up. 타이티리야 우파니샤드, Taittiriya Upanishad

Ved. Par. 베단타 파리바샤, Vedanta Paribhasha

Ved. Sar. 베단타 사라, Vedanta Sara

Yg. S. 요가 수트라, Yoga Sutra

제1부

1
들어가는 말

　힌두교는 세계의 주요 종교 중의 하나다. 약 4억에 이르는 신자들은 인도[1]에 살고 있으며(초판 출간일 1944년 당시-역자), 힌두신자라 불린다.

　아주 오랜 옛날부터 인도는 힌두교의 모국이었다. 아무도 정확히 얼마나 오래되었는지는 모른다. 하지만 수천 년이 되었다는 사실은 확실하며 세계의 어떤 다른 종교보다 더 오래되었다는 것도 의심의 여지가 없다.

　아주 오랜 고대 적엔 힌두교는 아리아의 진리라고 알려졌고 신자들을 아리아인이라 불렀다. 인도에서의 초창기 발생지는 펀자브 지방이었다. 이 펀자브 지방의 아리아인들이 어디로부터 왔는지에 대해서는 아직 아무도 확실히 말할 수가 없다. 학자들마다 아리아인의 발상지를 다르게 추측하고 있다. 북극, 중앙아시아의 대고원 지역, 지중해 연안 등으로 다양하다. 스

---

1) 1947년에 인도와 파키스탄으로 분리됨.

와미 비베카난다의 경우, 인도 바깥에서 온 것은 아니라고 굳게 믿고 있다.[1]

어쨌든 펀자브로부터 점차 북인도 전역으로 퍼져갔고 그 퍼져간 루트를 일러 아리아바르타라고 한다. 세월이 흘러 빈디아 산맥을 넘어 남인도로 그 종교가 퍼져갔다. 아가스티아라는 이름의 인도 현인이 아리아인의 남쪽 진출을 이끌었다고 전해진다.

아리아인이 어째서 힌두라 불리게 되었는지 궁금해 하는 사람도 있다. 힌두라는 이름의 기원은 오히려 약간 우습다. 펀자브 지방의 고대 아리아인의 정착지의 서쪽 경계가 신두Sindhu강이었다. 강의 반대편에는 고대 이란인(페르시아인)들이 살았다. 그 페르시아인들이 아리아인을 부를 때 이 강의 이름을 사용했다. 하지만 신두라는 단어를 정확히 발음하지 못하고 힌두라고 했다. 그래서 페르시아인들이 아리아인을 힌두라고 부르게 된 것이다. 세월이 흘러 아리아인 자신들도 페르시아인들로부터 이 이름을 채택해 쓰게 됐다.

힌두라는 이름 역시 아주아주 오래됐다. 힌두가 전 인도로 퍼져나갔을 때 이 나라 전체가 힌두스탄이라는 이름으로 알려지게 되었다.

힌두스탄은 수많은 성인, 현자, 예언자 들을 배출했다. 여러

---

1) See Sw. Viv.'s "Comp. Wks. (4th ed.) Vol. III, p. 293, Vol. IV, p. 333 and Vol. V, pp. 436-37.

세기에 걸쳐 빼어난 종교의 땅이 되었다. 종교와 접촉하면서
여러 언덕, 여러 산들, 여러 강, 호수, 바다, 도시 들이 성스러운
곳이 되었다. 나라 전체에 흩뿌려진 이 성스런 장소들로 인해
힌두스탄은 진정으로 성스런 땅이 되었다. 여러 세기에 걸쳐
수많은 순례자들이 이런 성소聖所들을 방문하기 위해 힌두스탄
의 구석구석을 바삐 오갔다. 종교는 거기 사는 사람들의 삶의
원동력이었다.

　힌두의 영광스런 문화를 태어나게 한 것은 그들의 종교였다.
아주 고대에서부터 고급 미술품, 조각품, 건축물, 음악, 시 들이
창작되었다. 문법, 문헌학, 논리학, 철학, 정치학, 천문학(피오티
샤, Fyotisha), 의학 및 외과술(아유르베다, Ayurveda)에 관한 박학
한 저술들을 남겼다. 화학에 있어서도 소중한 연구 업적을 남
겼고 공학, 관개, 조선과 다른 여러 예술과 공예에서도 빼어난
기술을 후대에 입증하였다. 그리고 이런 모든 것들은 그 뿌리
가 종교에 있었다. 이것들을 받치는 사상과 이상은 그 대부분
이 인도 성인들에서 영감을 받았다. 세월이 흘러, 이 위대한 힌
두 종교로부터 두 개의 강력한 분지分枝가 생겨났으니 자이나교
와 불교가 그것들이다. 힌두교는 그 분지인 불교와 더불어 힌
두스탄의 국경을 넘어 퍼져갔다. 실론, 버마, 샴, 캄보디아, 코
친-차이나, 말라야, 자바, 발리, 수마트라, 중국, 한국, 일본, 아
프가니스탄, 투르케스탄 같은 나라들은 이 두 종교나 한 종교
의 영향력 아래 놓이게 되었다. 북미 지역의 멕시코에서까지,

학자들은 힌두문명의 흔적을 발견하고 있다. 이 외국의 사람들은 힌두의 우수한 문화를 기쁨으로 환영했다. 힌두는 그들의 종교를 결코 힘이나 책략으로 타국 사람들에게 밀어넣지 않았다. 평화, 사랑, 동정심, 봉사 등이 그들의 표어였다. 가는 곳마다 그곳 사람들의 원시적 삶을 향상시켰다.

힌두스탄은 확실히 동방문화의 어머니 역할을 해왔다. 힌두 사상이 서양 문명의 요람인 고대 그리스에까지 흘러갔다는 사실에 대한 증거[1]들이 이미 드러나고 있다.

여러 세기가 흐름에 따라 힌두교는 그 크기나 다양성에서 성장해왔다. 그 접혀진 주름 사이에는 바이쉬나바, 샥타, 샤이바, 사우라, 가나파티아 등 많은 교파가 있다. 이 각각의 교파에는 다시 여럿의 개별 그룹들이 있다. 더하여 자이나교, 불교, 시크교, 아리아 사마지, 브라흐모 사마지 등도 힌두교에서 나온 것들이다.

지난 시기 한동안, 힌두의 고색창연한 종교가 서구 멀리까지 그 메시지를 전파했다. 유럽과 미주의 많은 사람들이 힌두의 인생관을 존중하게 되었고, 일부의 사람들은 힌두사상과 이상을 자신의 것으로 받아들이는 데까지 갔다.

실상, 힌두의 위대한 종교는 우주적 선善을 위한 강력한 힘이다. 이것이 이 종교가 지난 시절의 빛나는 성취의 기록을 지니게 된 이유이다. 그들의 종교가 보다 영광스런 미래를 가질 수

---

1) The Legacy of India. (Ed. by G. T. Garratt), pp. 1-24.

밖에 없음을 힌두가 믿는 이유이기도 하다.

　다음에 서술하는 것들은 이 종교의 핵심 내용에 대한 간략한
이력서이다.

2
다르마
종교로서의 힌두

종교라는 단어는 믿음과 경배 체계를 의미한다. 교회의 교의
에 대한 믿음과 그에 따른 전례 의식의 수행은, 서방에서 통상
적으로 종교라고 알려진 것이 경건한 신자에게 요구하는 전부
라고 할 수 있다.

힌두에서의 다르마^{dharma}라는 단어는 이 '종교'라는 단어보
다 훨씬 깊고 넓은 의미를 지니는 것으로 보인다. 산스크리트
어근 드리(dhri, 붙들다)에서 온 다르마는 어떤 하나의 사상^{事象,}
^{thing}을 받친다는 뜻을 지니고 있다. 우주의 모든 것들은 저마다
의 다르마를 지닌다. 그것들은 그것들의 존재를 위해 어떤 것
에 의존하지 않으면 안 되기 때문이다. 그렇다면 하나의 사상^事
^象의 존재가 그 존재를 위해 의존하는 그것은 무엇인가? 그것은
한 사상이 그것 없이는 결코 존재할 수 없는 근원적 본성일 것
이다. 어떤 사상의 근원적 본성, 그것을 일러 다르마라 한다. 이
를테면, 불의 다르마는 타는 힘을 말하고, 무생물의 다르마는
불활성^{不活性}이라고 말할 수 있을 것이다. 인간 역시, 다른 피조

물들과 구별되는 자신의 존재를 지니고 있고, 이것을 떠받치는 근원적인 본성을 지닌다. 이것이야말로, 인간의 다르마, 마나바 다르마manava dharma일 것이다.

그렇다면 인간의 근원적 본성은 과연 무엇일까? 힌두는 그것을 다른 모든 존재와 구별되는 힘으로서의, 초월에로의 힘, 신성에로의 힘이라는 견해를 지지한다. 따라서 이 힘이 마나바 다르마이다.

하지만 인간이 신이 되는 것이 정말로 가능할까? 그렇다, 가능하다. 왜냐하면 그 신성이 이미 자기에게 있기 때문이다. 힌두교는 신은 모든 곳에 있다고 가르친다.[1] 신은 우리 가슴속에도 있다. 원래 우리는 신이다. 그러나 신성은 우리 존재의 깊은 곳에 있다. 우리의 깨끗하지 못한 마음이 방해하고 있는 한 우리는 그 신을 깨닫지 못한다. 연기가 나는 굴뚝을 통해서는 빛이 비치지 않듯이 깨끗하지 못한 마음을 통해서는 신은 보이지 않는다. 하지만 그럼에도 불구하고 신은 우리 안에 있고 우리 주위의 도처에 있다. 우리가 빛을 원한다면 굴뚝을 청소해야 한다. 마찬가지로 우리 안의 신을 드러내기 위해서는 우리 마음을 깨끗이 하지 않으면 안 된다.

정욕과 탐욕, 분노와 증오, 질투와 자만심, 이기심 등은 너무나 여러 가지 불순물들이어서 우리 안의 신성을 가린다. 이런 것들이 우리 마음을 흔드는 동안에는 우리 인생의 거의 모든

1) Cf. Ish. Up. 1.

발걸음에서 잘못을 저지른다. 아주 자주 짐승처럼 행동한다. 이런 우리의 결함은 비참이라는 우리 잔을 채우고 타인들에게 헤아릴 수 없는 고통을 준다.

그렇다. 처음 시작 시에, 마치 짐승의 수준에 있는 것처럼 여겨지는 것은 이 결함들에 기인한다. 하지만 우리는 짐승이 아니다. 왜냐고? 간단하다. 우리는 노력하여 신성에 이를 수 있기 때문이다. 짐승은 그리할 수 없다. 인간으로서 우리는, 우리 마음의 모든 결함들을 제거할 수 있는 능력과 우리의 모든 부면에서 신성이 될 수 있는 능력을 지니고 태어났기 때문이다. 정확히 이것이 마나바 다르마이다. 이런 결함들에 골몰해 있는 사람들은 아직 그들 속의 인간이 드러나지 못한 이들이다. 인간의 모습을 한 짐승일 뿐이다. 이에 반해 그들의 마음을 온전히 깨끗이 하는 데 성공하여 그들 속의 신성을 드러낸 이들이야말로 진정한 인간, 완전한 인간인 것이다.

물론 오래 가야 하는 길이고 목적지는 아주 멀리 떨어져 있다. 우리 안의 신성을 완전히 출현시키는 것은 쉬운 일이 아니다. 어떤 한 번의 도약으로 이루어지지 않는다. 하지만, 다르마를 향한 길에서 작은 진전이라도 있었다면, 그것 자체로 확실히 보상이 있다. 우리 마음이 보다 순수해지면, 우리는 보다 현명해지고 더 큰 힘과 기쁨을 갖게 된다. 이런 식으로, 앞으로 나아가게 되고 점차 우리의 지혜와 힘과 기쁨을 키울 수 있도록 고무되는 것이다.

이 과정은 마음이 절대적으로 순수해질 때까지 탄생과 탄생을 거듭하면서 계속되는 것이다. 절대적 순수에 이르면, 신을 볼 수 있고, 신을 만질 수 있으며, 신과 얘기할 수 있고, 나아가 신과 하나가 되는 것이다. 그리할 때, 인간은 진정으로 완전해진다. 그때야말로 인간 속에서 늘 함께하던 신성이 스스로를 완벽히 드러내기 때문이다.

신을 본 사람은 사랑과 기쁨, 지혜와 힘에 충만하여 진실한 숭고함에 이르게 된다. 그는 물질계 위로 떠올라 진정으로 자유로워진다. 어떤 것도 그를 묶을 수 없고 흔들 수 없다. 어떤 것도 그 마음의 평화를 깰 수 없다. 어떤 결핍도 어떤 비참함도 어떤 두려움도 없고, 투쟁이나 슬픔의 까닭도 없다. 얼굴은 신의 기쁨으로 언제나 빛나고, 행동은 신의 사람으로서의 그를 다른 사람들과 구별되게 한다. 사심 없는 사랑은 모든 사람에게 한결같이 베풀어진다. 그에게 가까이 가는 모든 사람에게 힘과 순결과 위안을 가져다준다. 진실로 이런 사람이야말로 인생의 목표에 이르렀고, 이 사람만이 진정한 종교인이며 완전한 사람이라 말할 수 있을 것이다.

여러 다른 대륙에서 또 여러 다른 시대에 이런 축복된 사람, 신을 본 사람은 있어 왔다. 그들은 진실로 인류의 소금이다. 벅차오르는 감격을 이기지 못하고 스스로가 보고 느낀 것을 다른 이들에게 말했다. 그들에게 다가온 모든 사람들에게 스스로가 신을 깨닫게 된 단계들을 가르쳤다. 이러한 가르침들이 거대한 세계의 종교들을 이루게 되었다.

하지만 각각의 현자들은 마음을 깨끗이 하는 각기 다른 방법들을 발견했다. 근본적으로는 같았지만 세부에 있어서 달랐다. 모든 진정한 세계 종교들은 신실하게 따르면 같은 목표, 다시 말해 완전성으로 우리를 이끈다. 그들 각각은 신성으로의 정확한 길인 것이다. 이 빛 안에서 종교를 보도록 힌두는 가르침을 받아왔다.

그렇다. 힌두의 관점에 따르면, 신의 예언자나 현자들이 가르친 종교들에 아무런 문제가 없다. 그 본래의 가르침은 아주 소중하다. 우리를 확실하고 정확하게 이끌 수 있다. 이런 종교들은 세계의 진정한 종교들이다.

하지만 불행하게도, 세계에 전해 내려오는 종교 가운데는 알곡보다는 빈 껍질을 더 많이 지니고 있음도 종종 보인다. 원래 가르침의 정신이 분별없는 교리^{dogma} 더미에 묻혀 있다. 그런 일에 전혀 맞지 않는 사람에 의해 종교가 맡겨지는 일이 아주 흔하기 때문에 이런 전승이 일어난다. 마음이 순결치 못한 사람들이 사제나 설교자의 자리에 있는 경우가 자주 있다. 영적인 일들에 대한 통찰력을 전혀 가질 수 없는 사람들이다. 원래의 가르침이 지닌 의미를 파악하지 못한다. 바로 이것이, 이런 사람들이 종교를 다른 사람들에게 설명하기 시작할 때 전체를 다 엉망으로 만들게 되는 이유이다. 이들에 의해 종교는 하나의 단순한 강령이 되고, 한 묶음의 조잡한 교리가 되며, 의미

없는 의식이 되는 것이다. 그들의 추종자는 광신적이 되며, 종교는 공동 사회 간의 싸움의 원인이 된다. 종교를 자기 정화로 보는 대신에, 한 종교의 추종자들은 다른 종교 사람들의 머리를 깨부수는 데 가담하게 된다. 이것을 종교라고 부르는 것이다!

이런 조악한 처신은, 자연히 민감한 사람들을 격발시켜 불행히도 그들로 하여금 종교 전체를 포기하게 만든다. 하지만 세상에는 저 몽매한 사제들에게 속아 넘어갈 수 없는 현명한 사람들이 있게 마련이다. 그들은 계략을 간파한다. 무지한 사제나 설교자들에 의해 획책된 종교의 조악성은 표면에서만 그럴 뿐, 그 아래에는 무한한 보물이 있음을 발견하게 된다.

힌두는 이런 조잡한 잡동사니와 진정한 종교를 구별하도록 우리를 가르친다. 사기꾼들에게 휘둘릴 위험에 대해 경고하고, 원천으로부터의 종교, 현자와 예언자들의 본래 가르침으로부터의 종교를 가질 것을 요청한다. 이런 가르침에 설명이 필요할 경우, 그런 설명은 반드시 신을 본 또 다른 현자로부터 나와야만 한다. 이것만이 아니다. 힌두는 모든 사람이 자신의 영적 지도자^{guru}로서의 한 사람의 현자를 찾아볼 것을 조언한다.

우리는 종교가 대단히 실제적이고 현실적인 것임을 잊어서는 안 된다. 고준高峻한 얘기를 아무리 해도 소용이 없다. 진실하고 실제적인 사람이 되기를 원하면 마음을 깨끗이 해야만 한다. 우리 앞에 놓인 일이 정확히 이것이다. 자신을 힌두, 무슬

림, 기독교인이라 여기는 것은 아무 의미가 없다. 어떤 교단의 관점에 동의하는 것만으로는 충분치 못하다. 자신의 종교 지식에 정통한 것만으로도 또한 충분치 않다. 자신의 종교의 현자나 예언자들의 가르침을 실천하고 자기의 전체 삶을 그에 맞게 통제해야 한다. 이럴 때에만 우리 목표를 향할 수 있다. 우리는 우리 안의 신성을 밖으로 꺼내 드러내야만 하고 이를 위해 최선을 다해야 한다. 진실로, 우리 안의 신이 완전히 드러날 때에만 우리의 근원적 본성인 진리^{dharma}를 얻게 된다. 이 목표를 달성하기 위해 어떤 고통이라도 달게 받아야 한다.

이제, 이 장에서 배운 것을 정리해본다. 창조된 모든 것은 근본적으로 신이 내려주신 것이다.[1] 그것들은 인간 안의 신성을 완전히 드러내게 하고, 인간이 처한 모든 상황에서 신성이 되게 하려는 그 목적만으로, 인간에게 주어진 것이다.[2] 그럴 때에만, 인간은 완전함을 얻게 되고 다른 모든 존재들로부터 구별되는 진실한 한 인간이 된다. 한없는 자유, 축복, 힘, 지혜를 즐긴다. 그때는 권위를 지닌 인간으로서 말할 수 있게 되고, 타인들이 전진하도록 영감을 준다. 종교는 이 복된 목표에 닿도록 사람들을 가르친다. 한 사람의 예언자나 여러 예언자들의 가르침에 따른 일체의 종교들은 이 목표에 이르는 정확한 길을 보여준다. 이것이 종교가 대단히 실제적이고 현실적인 것이라 말

1) Cf. Chh. Up. Ⅲ. 14. 1.
2) Cf. Murd. Up. Ⅲ. 2. 9.

24

하는 이유이다. 종교가 우리에게 원하는 모든 일을 열심히 수행해야 한다. 그 가르침에 따라 삶에 대한 우리의 태도와 우리의 행동을 구성해야 한다. 다른 길로 빠져서 우리의 불순함에 골몰하고 흥청댄다면 짐승의 수준으로 가라앉게 된다. 요컨대 이것이 힌두의 기본적인 가르침이다. 이로부터 종교로서의 힌두의 의미가 무엇인지 그 전반적인 개념을 알 수 있을 것이다.

3
힌두의 경전

힌두 현자들의 가르침은 힌두교 혹은 힌두 다르마로 알려진 종교를 형성한다. 이런 가르침을 담고 있는 성스러운 텍스트들을 일러 샤스트라Shastra라 부른다.

신은 누구인가? 어디에 살고 있나? 어떻게 생겼나? 우리와의 관계는 어떤 것인가? 그를 깨닫기 위해 애써야 하는 이유는 무엇인가? 이런 모든 것을 우리는 샤스트라로부터 배운다. 나아가 신을 깨닫게 되는 방도를 샤스트라로부터 배운다. 어떻게 하면 우리 안의 신성을 드러낼 수 있을까? 그런 과정에서의 장애물은 어떤 것들인가? 어떻게 극복할 수 있을까? 어떻게 행동해야 할까? 어떤 종교 행위를 수행해야 할까? 샤스트라는 이런 것들 모두를 또한 가르쳐준다.

힌두는 아주 오랜 세기에 걸쳐 이 종교의 길을 걸어왔다. 이 기간을 통해 셀 수 없는 진지한 영혼들이 신을 깨달음으로 해서 종교의 목표에 닿았다. 여러 현자들이 같은 목적지를 향한 새로운 길들을 뜻하지 않게 발견하기도 했다. 따라서 이 성스런 땅의 힌두 현자들에 의해 완전에 이르는 여러 길들이 발견 되었다. 다른 종교들의 경전들과 달리 힌두 경전의 수가 많은 이유가 바로 이것이다. 나아가, 서로 다른 계층의 사람들에게 설명해야 하는 필요성에 의해 다른 층위의 경전들이 만들어지 게도 되었다.

베다^{VEDAS}

이렇게 서로 다르고 다양한 힌두 경전 가운데 가장 오래된 것이 베다이다. 나머지 다른 경전들은 베다를 원전으로 파생된 다. 베다는 직접적인 계시에 의한 것이다. 이런 까닭으로 슈루 티(Shruti, 시작 시에 들린 것-역자)라 불리며 그 권위는 의문을 허 락하지 않는다. 다른 모든 힌두 경전은 그들의 권위를 베다에 빚지고 있으며, 스므리티(Smriti, 인간 스승이 기억한 전통적인 것- 역자)라 불린다.

베다는 세계에서 가장 오래된 경전이다. '앎'이라는 뜻의 산 스크리트 어근 vid에서 나온 Veda라는 단어는 '신의(에 의한) 지식'을 뜻한다. 창조가 무한하고 영원하듯, 신에 대한 지식도 무한하고 영원하다. 따라서, 신에 대한 지식으로서의 베다는 무진장이다. 그리고 우주에 영원히 존재한다. 수백의 힌두 현 자들에 의해 이 지식들이 부분부분 드러났고, 우리는 이것들이 베다 문헌으로 우리에게 전해 내려온 것 안에 기록되어 있음을 알게 된다. 이것들을 발견한 힌두의 현자를 일러 베다 리쉬^{Vedic}

27

rishis라고 부른다. 베다에서는 그 발견자보다 진리 자체가 더 중요하게 여겨진다는 것을 알 필요가 있다. 실상, 많은 리쉬들은 자기 이름이 후세에 남는지 여부에 무심했다.

베다는 넷이다. 리그베다, 사마베다, 야주르베다, 아타르바베다 등이 그것들이다. 각각은 삼히타와 브라흐마나의 두 부분으로 이루어진다. 삼히타에는 송가와 만트라가 들어 있고, 브라흐마나에는 그 송가들의 의미와 용도가 들어 있다.

옛적의 힌두는 오늘날 우리가 그러는 것처럼 이미지화된 신과 여신을 숭배하지 않았다. 만트라를 염송하고 성화에 봉헌물을 태우는 것으로 경배가 이루어져 있었다. 이것을 야기아 (yajna, 희생제)라 부른다. 베다의 브라흐마나 파트에는 야기아의 다양한 종류가 기술되어 있다. 삼히타 파트에 있는 만트라들이 이 야기아 순서에서 염송된다. 브라흐마나 파트를 통해, 언제 어떻게 어떤 만트라를 어떤 야기아에 염송해야 하는지를 배우게 된다.

우파니샤드UPANISHADS

베다의 어떤 부분은 우파니샤드라고 알려져 있다. 베단타라고도 불리는데, 베다의 끝부분에 위치하면서, 베다의 핵심과 본질을 담고 있다.

베다의 대부분은 야기아의 세부 사항을 다룬다. 고대 신앙의 한 방식인 야기아는 신에 대한 지식을 얻을 수 있도록 자신의 마음을 정화하는 의식에 다름 아니었다. 따라서 주로 의식과 관계 있는 베다의 이 부분을 카르마-칸다[Karma-Kanda, 업(행위)의 편篇]라고 한다. 이에 반해, 우파니샤드로 알려진 베다의 부분은 주로 신에 대한 지식을 강조한다. 이런 이유로 우파니샤드는 베다의 기아나-칸다^{Jnana-Kanda}를 구성한다.

신은 어디에 어떻게 존재할까? 인간과 우주는 그와 어떻게 연관되어 있을까? 어떻게, 왜 인간은 신을 깨달으려 노력해야만 하는가? 그를 깨달으면 정확히 어떤 일이 일어나는가? 이 모든 것을 우파니샤드(베단타)로부터 배울 수 있다.

많은 숫자의 우파니샤드가 있다. 베다 네 편에 각각 여러 우파니샤드가 있다. 이들 중에서 다음과 같은 것들이 우선 생각난다. 이샤, 케나, 카타, 프라쉬나, 문다카, 만두캬, 아이트레야, 타이티리야, 찬도갸, 브리하다란야카, 쉬웨타-쉬와타라 등이 그것들이다.

스므리티^{Smritis}

마누^{Manu}나 야기아발키야^{Yajnavalkya} 같은 현자들은 힌두의 생활상 규범이나 예의범절을 수집하여 편찬했다. 이것들은 특별히 스므리티로 알려져 있지만, 스므리티라는 용어는 넓은 의미에서 베다를 제외한 모든 힌두 경전을 일컫는 말이다. 마누나 야기아발키야의 이런 스므르티를 통해, 힌두는 그의 일생을 어떻게 보내야 하는지를 배운다. 인생의 각 시기에 따라 행해야 할

29

것^{ashrama} 각기 다른 사회 계층에 출생한 자로서의 주어진 의무
^{varna} 대해 가르친다. 가정생활에서의 모든 의식儀式에 대해서도
기술하고 있다. 더하여, 가정이나 사회에서의 법도에 대해서도
강하게 말하고 있다.

요컨대, 스므리티는 힌두의 출생과 인생 단계에 따른 해야
할 일과 하지 말아야 할 일을 규정한다. 그것들의 유일한 목적
이라면 마음을 서서히 정화하여 사람으로 하여금 완전을 향해
한 계단 한 계단 나아가게 하는 것이다. 의심할 여지없이 베다
의 가르침에 기초한 것이다. 하지만 이런 권고나 금지라는 것
이 특정한 사회 상황에서 비롯된 것임을 유의해야 한다. 이런
인도 사회의 상황은 시대에 따라 변하기 마련이었고, 각기 다
른 시대와 지역의 현자들에 의해 새로운 스므리티가 작성되었
다. 따라서 라구난다나의 스므리티는 마누의 스므리티보다 시
기적으로 아주 후대의 것이고, 특별히 벵골 힌두 사회에 적용
된다. 마지막 스므리티가 만들어진 때에 비해 오늘날의 사회는
아주 많이 변했기 때문에, 지금, 우리 시대의 힌두를 위한 스므
리티가 새롭게 생겨날 분위기가 무르익었다 할 것이다.

다르샤나^{Darshanas} (철학)

베다에서의 신에 관한 지식은 서로 다른 여섯 학파를 생겨
나게 했다. 자이미니^{Jaimini}, 비아사^{Vyasa}, 카필라^{Kapila}, 파탄잘리^{Patanjali,}
고타마^{Gotama}, 카나다^{Kanada} 현자들이 이 여섯 학파의 창시자들

이다. 이 여섯 현자들이 각각 다르샤나라고 알려진 것을 썼고 이 여섯을 뭉뚱그려 샤드-다르샤나(Shad-Darshana, 여섯 체계 철학)라 부른다. 푸르바 미맘사, 우타라 미맘사(베단타), 상키아, 요가, 니아야, 바이쉐시카 등이 앞서 말한 저자들의 순서에 맞는 철학서들이다. 이 책들은 모두 특이한 양식인 경구(警句 aphorism sutra, 수트라)로 씌었다. 산스크리트어 문법의 수트라는 다르샤나의 양식을 연상시킨다. 다르샤나의 간결한 경구들은 설명을 필요로 하고, 시대가 흐르면서 자연히, 각각의 다르샤나에는 방대한 양의 주석과 논평이 따라붙었다.

이 철학서들 가운데 푸르바 미맘사는 베다의 카르마-칸다를 취급했다. 우타라 미맘사는 기아나-칸다였다. 기아나-칸다는 우파니샤드에서 직접 연유한 것이다. 위대한 현자 비아사가 쓴 이 다르샤나는 베단타 다르샤나, 혹은 브라흐마 수트라라고도 한다. 힌두 종교의 초석 중의 하나로 불리기도 한다. 후대에 이르러 위대한 성인 샨카라차리아나 라마누자차리아 같은 이들이 이 베단타 다르샤나에 주옥 같은 논평을 남긴다.

푸라나^{Puranas}

다르샤나는 말할 필요 없이 딱딱하고 어렵다. 학식 있는 소수만을 위한 것이다. 일반 민중들을 위한 또 다른 수준의 경전들도 나왔다. 이런 경전들을 푸라나라 부른다. 이런 경전들은 종교를 아주 쉽고 재미있게 가르쳤다. 감동적인 이야기나 비유를 통해 충분히 납득되게 가르쳤다. 나아가 이 푸라나를 통해 고대 인도 역사도 언뜻언뜻 드러났다. 모두 합해 18푸라나가 있다. 다음에 이름 드는 것들이 기억될 만하다. 비쉬누 푸라나, 파드마 푸라나, 바유 푸라나, 스칸다 푸라나, 아그니 푸라나, 마르칸데야 푸라나, 바가바타 등이 그것들이다. 마르칸데야 푸라나의 한 부분은 모든 인도인들에게 데비-마하트리암 혹은 찬디Chandi로 잘 알려져 있다. 성스런 어머니로서의 신에 대한 경배가 그 주제다. 성스러운 날들에 널리 읽혀지고 있다.

라마야나와 마하바라타

푸라나와 함께, 라마야나와 마하바라타는 아주 인기 있고 유용한 힌두의 두 경전이다. 각각 발미키와 비아사 두 현자에 의해 쓰인 서사시들이다. 이것들은 이티하사(Itihasas, 역사)로 분류되면서 힌두교의 근원적인 가르침을 마음에 새길 수 있는 여러 재미있는 이야기를 들려준다. 인도의 여러 언어들로 번역되어왔다. 이런 번역을 통해 대다수의 인도인들이 자신의 종교에 대해 알게 된다.

기타GITA

마하바라타의 한 부분이다. 마하바라타에는 쿠룩쉐트라전쟁이 기술되어 있다. 카우라바가※와 그 사촌인 판다바가※는 서로 경쟁적인 파벌들이었다. 판다바가의 다섯 왕자 중 셋째인 아르주나는 최고의 영웅이었다. 크리슈나 신이 그의 마부를 자청했다. 대전투가 일어나기 전날 저녁, 크리슈나 신은 아르주나에게 힌두 종교의 핵심을 설명한다. 마하바라타 중, 크리슈나 신의 가르침을 담고 있는 이 부분을 따로 슈리마드-바가바드-기타로 부른다. 우파니샤드가 베다의 정수를 담고 있듯이, 기타는 우파니샤드의 정수를 담고 있다. 힌두의 모든 경전 중, 기타는 가장 많은 사랑을 받는 경전이다.

프라스타나트라야[Prasthanatraya]

우파니샤드와 베단타 다르샤나(브라흐마수트라), 기타의 셋을 합쳐 프라스타나트라야라 부른다. 이 경전들은 힌두 종교의 근본 경전으로 간주된다. 고도의 권위를 지닌다. 힌두교의 중요 종파들의 창시자들은 그들의 가르침의 기초를 이 경전들에 두어야만 했다. 단지 해석만을 달리하여 다른 결론에 이르렀다. 아드바이타-바다[不二論], 비쉬스타아드바이타-바다[조건부 불이론], 드바이타-바다[이원론] 등이 그것들이다.

탄트라[Tantras]

탄트라로 알려진 또 다른 한 경전 그룹이 있다. 신의 샥티(에너지) 측면을 강조하면서 여러 형태의 신적 어머니에 대한 제의적 경배[1] 과정을 다양하게 제시한다. 텍스트는 시바와 파르

---

1) See Chap. XII.

바티 간의 대화체로 되어 있다. 어떤 때는 시바가 파르바티의 질문에 대답하는 선생의 위치로, 또 어떤 때는 여신 파르바티가 시바의 질문에 대답하는 선생의 위치로 나온다. 전자의 텍스트를 아가마로 후자의 텍스트는 니가마로 불린다. 수많은 탄트라가 있지만 그중에서 예순넷이 유명하다. 마하니르바나, 쿨라르나바, 쿨라사라, 프라판차사라, 탄트라라자, 루드라 야말라, 브라흐마 야말라, 비쉬누 야말라, 토달라 탄트라 등이 그것들이다.

판차라트라 삼히타와 샤이바 아가마

탄트라와 관련된 것으로 바이쉬나바^{Vaishnavas}의 판차라트라 삼히타와 샤이바 아가마가 있다.[1] 탄트라와 마찬가지로 이 경전들은 베다 시대와 달리 지금 시대(칼리 유가^{Kali Yuga}, 갈등과 죄악의 이 시대-역자)에 적합한 보다 쉬운 제의와 교리를 제시하고 있다. 앞서 언급한 다른 경전들과는 달리 이것들은 베다에서 그 권위를 끌어오지 않지만 베다를 대놓고 적대시하지는 않는다. 이 경전들의 또 다른 특징으로, 일단 입문(딕쉬타, dikshita)한 자들에게는 그들의 카스트나 성별에 차별을 두지 않는다.

판차라트라 삼히타에는 215편의 개별 텍스트가 언급되어 있지만, 다음의 것들이 가장 많이 알려져 있다. 이시와라, 파우쉬카라, 파라마, 사트와타, 브리하드-브라흐마, 기아남리타사

---

1) A History of Indian Literature by Winternitz, Vol. I, p. 587.

라 삼히타 등이 그것들이다.[1]

스물여덟의 샤이바 아가마가 기록되어 있는 전통적인 목록이 있다. 각각에는 많은 수의 우파가마^{Upagama, 접근법}가 달려 있다. 하지만 불완전한 스무 편 정도만이 현존하고 있다.

---

1) 첫째 것은 야무나차리아가 언급했고, 그 다음 세 개는 라마누자차리아가 언급했다. 마지막 것은 『나라다 판차라트라』라는 제목으로 출간되었다.

4
삼사라(윤회)
환생과 업보

힌두 어휘에서 삼사라^{samsara}라는 말은 아주 중요하다. 우리 모두는 이 단어에 익숙하다. 하지만 그 정확한 뜻은 잘 모른다. 세속과 세속의 삶을 뜻하는 말 정도로 사용한다. '지나간다'는 뜻의 산스크리트어 sri에서 파생된 말로 접두어 sam은 그 뜻을 강조한다. 경전은 우리가, 이 세상과 이보다 더 낮고 미세한 세상과 더 높은 세상을, 반복해서 거쳐가야 한다고 가르친다.[1] 혼들의 이 반복된 거쳐감(삼스리티, samsriti)이야말로 삼사라라는 단어의 진정한 뜻이다.

힌두교 전체는 이 삼사라 사상에 의거한다. 삼사라는 힌두 인생관의 단초를 제공한다. 우리가 세상을 떠난 친족들에게 봉헌하는 것은 왜일까? 그들이 다른 미세 세계에 여직 살아 있거나, 혹은 다른 몸들로 이 세계에 살아 있다고 믿기 때문이다. 힌두 여인들이 남편의 사후 과부 생활을 맹서하는 이유는 무엇인가? 죽은 남편에 대해 정절을 지킬 때에만 죽어서 그 남편을

1) Cf. Gita VIII. 16.

만날 수 있다고 믿기 때문이다. 인도인들이 덕행^{punya}을 실천하는 것은 그로 인해 죽은 후 아주 큰 즐거움이 있을 것이라 믿기 때문이다.

악행을 피하려 애쓰는 것도, 그러지 않을 경우, 죽은 후 큰 고통이 올 것으로 믿기 때문이다. 이것들과 또 다른 여러 힌두의 믿음이나 제의들은 힌두의 환생 사상에서 비롯된다. 지어낸 얘기가 아니다. 힌두의 현자들의 깨달음에 의한 실제 사실들에 기반한다.

따라서 이 환생 사상은 힌두의 인생관에서 아주 중요한 것이다. 힌두교에 대한 공부를 진전시키기 전에 먼저 이 사상에 대해 확실히 파악해야만 한다.

우리는 죽음 후에 존재하기를 그치는 것이 아니다. 이생 전에 우리 모두는 수없이 많은 생을 거쳐왔다. 바가바드기타에서 크리슈나는 아르주나에게 이렇게 말한다.

'오 아르주나여, 너와 나는 이생 전에 수많은 전생들이 있었다. 너는 모르지만 나만이 그것들 모두를 안다.'[1] 그는 다시 말한다. '태어나면 반드시 죽음이 있고, 죽으면 반드시 다시 태어남이 있다.'[2]

내면의 신성이 완전히 발현될 때까지 이 세계에서의 환생은 거듭된다. 태어날 때마다 새로운 몸을 받아 한동안 지속되다

1) Ibid. IV. 5.
2) Ibid. II. 27.

이윽고 낡아지고 죽음이 온다. 하지만 몸 안에 있는 그 어떤 것은 늘 생생한 상태로 있다. 낡고 소용없어진 몸에서 나와 한동안 미세 세계에 머문다. 그런 후 이 세계로 와 새 몸을 받는다. 미세 세계는 아주 기쁘기도 하고 아주 고통스럽기도 한 세계다. 보가부미(bhogabhumi, 열매를 경험하는 땅)라 불리는 이유가 바로 그것이다. 모든 사람들이 완성을 이루어내야만 하는 곳이 이 세계다. 따라서 이 세계를 카르마부미(karmabhumi, 활동의 땅)라 부른다. 완성을 이루지 못한 동안은 환생을 반복하게 되어 있다. 그때까지 그는 속박[baddha] 속에 있는 것이다. 세계를 거듭거듭 반복해서 오고가는 것(samsara, 윤회)이 그 자체 속박인 것이다.

각각의 생에서 우리는 새 몸을 얻는다. 이 몸은 물질로 되어 있고 스툴라 샤리라(sthula sharira, gross body, 눈에 보이는 몸)라 한다. 음식을 먹어 취한 물질로 만들어진 것으로, 따라서 안나마야 코샤(annamaya kosha, 음식으로 된 켜)라 불리기도 한다. 이 눈에 보이는 몸이 우리의 가장 바깥의 층(켜)이다. 우리는 집에서 살 듯, 이 몸에서 산다. 집이 무너지면 그 집에서 나와 다른 집을 짓는다. 그렇듯, 이 육체적 몸이 소용없어지면 그것을 떠나 다른 새 몸을 만든다. 기타[Gita]에서는 이 몸을 옷으로 비유하고 있다. 옷이 닳고 낡아 못 쓰게 되면 그 옷을 버리고 새 옷을 구한다. 그처럼 몸이 낡아져 소용없어지면, 그 몸에서 나와 새 몸으로 다시 나타나는 것이다.[1] 이 낡아져 허물어진 몸을 포기

하는 것을 죽음이라 하고 새 몸에 다시 나타나는 것을 재탄생
이라 한다. 따라서 죽음과 재탄생을 통해 우리는 헌 몸을 새 몸
으로 바꾸는 것이다. 우리 모두는 이 바꿈을 셀 수도 없이 많이
했다. 이 진실을 아는 사람은 겁을 낼 일도, 슬퍼할 일도 없다.

이 그로스 바디 안에 우리는 더 미세하고 더 강력한 몸을 가
지고 있다. 이 안에 우리가 산다. 숙쉬마 샤리라$^{sukshma\ sharira}$라고
불리는 것으로 미세한 몸을 말한다. 질병도 늙음도 죽음도 이
미세한 몸을 건드릴 수 없다. 자연계의 어떤 것도 이것을 파괴
할 수 없다. 과거의 무수한 탄생 동안 우리의 미세한 몸은 늘
함께 우리를 동반했다.

이 미세한 몸은 열일곱 부분으로 되어 있다. 부디(buddhi, 지
성), 마나스(manas, 마음), 다섯 프라나[2](생기 에너지), 열 가지 감
각기관의 미세체 대응 부분 등이 그것들이다.[3] 그로스 바디를
만들어내고 그것이 계속 작용하게 하는 것이 이 미세한 몸이
다. 미세한 몸을 통해 우리는 느끼고 생각하고 소원한다. 실상
이 미세한 몸이야말로 우리 존재의 활동적 부분이다.

하지만 이 미세한 몸은 그것 자체로 활동적이지는 않다. 그
로스 바디는 미세한 몸에 의해 생기를 얻고 작용을 하게 되지

---

1) Cf. ibid. II. 22.
2) See Chap. XVI, foot-note.
3) 열 개의 감각기관: 기아넨드리야(인지 기관)- 눈, 귀, 코, 혀, 피부
   카르멘드리야(행위 기관)- 손, 발, 혀, 배설 기관, 생식 기관

만, 그로스 바디와 마찬가지로 미세 몸 역시 그것 자체로 살아 움직이지는 못한다. 다른 어떤 것에 의해 생기를 부여받고 작용을 한다. 이 어떤 것이야말로 인간의 참된 자기Self이다. 이것이 아트만Atman, Soul이다.

아트만은 모든 생명과 활동, 의식意識, chaitanya의 원천이다.[1] 아트만과 접촉함으로써 미세한 몸은 생명의 온기를 얻어 그로스 바디에 활기를 불어넣는다. 달이 태양의 빛을 받아 지구를 밝히는 것과 같다.

이처럼 아트만에 의해 생기를 받아 미세한 몸은 자신이 할 수 있는 한 오랫동안 그로스 바디를 활동하게 한 후, 그것을 떠나 새로운 육신을 만든다. 이런 식으로 우리는 한 생에서 다른 생으로 진행한다.

업보Karmavada

하지만 왜 자꾸 태어나야만 하는 것일까? 힌두 경전은 여기에 대해 매우 분명하게 밝힌다. 마음이 흠 없이 깨끗해질 때에만, 인간의 신성은 스스로를 드러낸다. 하지만 그리되는 데는 아주 긴 시간이 필요하다. 그로스 바디의 수명은 길지 못하다. 인생은 이 과업을 이루는 데 너무 짧다. 무수한 생을 거쳐야만 하는 이유가 바로 이것이다.

이 세상을 살면 우리의 감각을 즐겁게 하는 것과 혐오를 느

3) Cf. Drg. Drs. Vk. XVI.

끼게 하는 것이 너무도 많다. 이에 따라 어떤 것은 취하고 어떤 것은 버리려 한다. 우리 마음은 항상 이런 취사선택의 욕망으로 가득 차 있다. 이 욕망을 이루기 위해 우리는 고군분투한다. 우리 인생은 그런 노력들로 이루어져 있다. 하지만 우리의 욕망은 결코 만족되지 않는다. 계속 불어날 따름이다. 하나의 욕망이 성취되면 우리의 쾌락에 대한 감각은 더욱 격렬해져서 새로운 욕망들이 떼로 일어난다. 이런 식으로 끝날 줄 모르는 욕망의 성취를 위해 계속 무언가를 하게 된다.

이런 식으로 어떤 일을 하든, 그 일의 결과로 즐거움이나 고통이 반드시 오게 된다. 모든 행위(카르마, karma)는 조만간 과실(카르마-팔라, Karma-phala)을 맺게 마련이다. 선행(슈바 카르마, shubha karma)은 즐거움을 가져오고 악행(아슈바 카르마)은 고통을 가져온다. 통상 인간은 좋은 욕망과 나쁜 욕망을 함께 지닌다. 선행과 악행을 행하고 그것의 결과로 즐거움과 고통이 쌓이게 된다(카르마-팔라).

각각의 인생 동안, 지난 생의 과보의 일부분만을 지워 없앤다. 이 지워진 부분을 프라랍다prarabdha라 한다. 미래 생에서 맛보아야 할 나머지 부분은 삼치타samchita라 한다. 현생에서의 행에 대한 과실은 크리야마나kriyamana로 쌓인다. 이처럼, 우리 스스로의 행업에 의한 과실을 거두기 위해, 우리는 생을 거듭해야 하는 것이다.

한 아이가 맹인으로 태어난다. 그리된 데는 분명히 신체적인 이유가 있을 것이다. 하지만 힌두 경전에 의하면, 앞 못 봄에 대한 그의 정신적 고통은 전생의 잘못된 행업에 기인한 것으로 보아야만 한다. 최선의 노력에도 불구하고 어떤 일에 실패할 때, 우리는 통상 우리 나쁜 운을 저주한다(아드리쉬타 adrishta, 예측할 수 없는, 좋은 혹은 나쁜 운명). 혹은 별 노력도 없이 기대치 않았던 성공이 따르면 우리는 우리의 좋은 운을 찬양한다. 하지만 이 아드리쉬타(보이지 않는)는 우리 전생의 행업의 과실일 뿐이다. 우리 자신의 카르마-팔라일 뿐이다. 저주할 필요도 찬양할 필요도 없다. 우리 과거의 행업의 당연한 결과로 오는 것이다.

과거 생 동안의 스스로의 행업(카르마)에 의한 즐거움과 고통은 피할 수 없다. 우리가 그것들을 만들었다. 우리가 누울 자리를 만들었으니, 반드시 거기에 누워야 한다. 우리의 슬픔과 고통에 대해 어떤 것도 누구도 저주할 권리가 없다.

하지만 한 가지만은 할 수 있다. 미래의 생을 행복하게 할 수 있다. 현생에서의 노력에 달린 것이다. 우리 스스로의 미래를 만드는 자는 우리이다. 경전에서 금하는 악행을 피하고 명하는 선행을 지속하면 행복한 내생은 반드시 이루어진다.

요컨대 힌두가 카르마(업보, karmavada)에 대해 가르치는 것이 이것이다. 우리의 욕망(카마, kama)이 카르마를 만든다. 카르마는 고통과 즐거움이라는 과실을 만든다. 우리 카르마의 과실을 거두기 위해 우리는 환생을 거듭한다. 이런 식으로, 우리의

삼사라

욕망은 우리로 하여금 끝없는 태어남과 죽음의 바퀴^{samsara}를 돌게 하는 것이다.

5
묵티
해방, 해탈

우리는 우리 스스로의 욕망으로 인해 거듭되는 환생으로 끌려다니는 것을 보았다. 우리의 선택지는 없다. 이 세계나 다음 세계에서 무언가를 찾는 한, 탄생과 죽음의 이 한 바퀴의 윤회를 벗어날 길이 없다. 삼사라라 불리는 이 여행은 끝이 없는 일로 보인다. 또한 아주 고통스럽다.

세계가 우리에게 많은 즐거움을 주는 것은 의심할 여지가 없다. 하지만 그 즐거운 것들이 포만감을 주는 경우는 결코 없다. 어떤 업적이나 획득도 충분한 것은 없다. 우리가 어떤 위치에 있든, 더 많은 권력, 더 많은 지식, 더 많은 행복을 바란다. 이 욕망의 크기는 증가하기만 할 뿐 우리에게 쉼을 주지 않는다. 무언가를 얻어야 한다는 생각은 우리에게 끝없이 떠올라 우리를 불편하게 한다. 나아가 감각을 즐겁게 하는 것과 함께 슬픔이라는 아주 무거운 짐도 떠안지 않을 수 없다. 모든 사람은 실패와 실망, 상실과 이별, 질병과 죽음을 견뎌야 한다. 이 모든 것들은 거듭되는 환생 속에서 우리 인생을 아주 고통스럽게 한다.

이것에서 벗어날 수는 없을까? 이 이어지는 비참과 좌절의 삶을 벗어날 길은 없는 것인가? 힌두의 경전은 있다고 말한다.

그렇다, 길은 있다. 신을 깨달음으로써 모든 비참에서 벗어날 수 있다. 그때에만, 이제까지 끊임없이 찾아온 것, 영원한 행복과 무한한 지식을 찾을 수 있다. 그리하여 더이상 태어나고 죽는 환생을 끝낼 수 있다. 삼사라에서 영원히 해방될 수 있다.

삼사라로부터 해방된 이 상태를 일러 묵티^{mukti}라 한다. 해방된 사람(묵타 푸루샤, mukta purusha)은 자기 존재의 핵심은 신에 다름 아닌 것을 깨닫는다. 따라서 자신의 모든 의미와 관계성에서 신성神性이 된다. 자신의 중심에 영원한 평화가 깃든다. 결핍도 비참함도 공포도 없다. 모든 이를 위한 사랑과 동정심으로 인해 그들이 삼사라로부터 벗어날 수 있도록 돕는다.

힌두의 경전은 해방(묵티)이야말로 모든 사람들이 이루어야 할 목표라고 말한다. 실상 모든 이들은 이 목표에 닿으려고 처절하게 애쓴다. 단지 그런 사실을 알아차리지 못하고 있을 뿐이다.

우리가 권력, 지식, 행복을 확장하기 위해 노력할 때는 언제나, 죽음으로부터 벗어나기 위해 애를 쓸 때는 언제나, 우리는 실제로 우리 안의 신성이 밖으로 발현되기를 원하는 것이다. 항상 이 일을 하고 있는 것이다. 우리는 자연계(물질계) 안에 속박된 채로 있는 것을 거절한다. 자연계는 기쁨과 지식, 힘과 생명의 단속^{斷續}된 편린만을 보여줄 뿐이다. 하지만 우리는 우리 자신 안에 이 모든 것을 속박되지 않은 상태로 지니고 있다. 왜냐하면 우리 자신은 근원적으로 신과 하나이기 때문이다. 힘겨운 투쟁을 통해 세계와 자연(프라크리티, Prakriti)으로부터 얻은 적은 양의 기쁨, 지식, 힘, 생명이 우리를 결코 만족시켜주지 못하는 이유가 이것이다.[1] 이런 것들을 찾는 추구는 우리 자신 안의 신성을 깨닫고 그것을 발휘할 때에만 끝나게 된다. 존재와 지식과 축복의 무한한 바다(삿치트아난다-사가라, Satchidananda-sagara)에 이르면, 물질계로부터 인색하게 주어지는 작은 물방울들에 더이상 연연하지 않게 된다.

지구상의 모든 생명체들은, 의식적으로든 무의식적으로든 본능적 충동에 의해, 자신 안의 영원하고 무한한 하나를 향해 나아가게 된다. 달리 말해 모든 생명체들은 삼사라로부터 벗어나 묵티를 얻기 위해 서두르고 있다.

그러므로 삼사라 안에서 목적 없이 방황하는 것은 좋지 않다. 그것은 속박된 상태를 연장시킨다. 우리의 강렬한 모든 소망이 묵티에 의해서만 달성될 수 있다면 애초 처음부터 그 사실을 알지 않으면 안 된다. 그리하면 많은 수고를 덜게 될 것이다. 힌두로 하여금 그 닿아야 할 목적지가 묵티임을 알게 하고, 그 첫출발부터 발걸음을 거기를 향하게 권하는 이유가 이것이다.

1) Cf. Chh. Up. VII. 23.

46

하지만 묵티를 성취하는 일은 쉬운 일이 아니다. 길고 어려운 길을 가야 한다. 신을 깨달아야만 한다. 그때에만 비로소 우리는 완전히 자유로워진다. 신은 언제나 우리 안에 있고 또 우리의 모든 것이다. 사실이다. 하지만 우리 마음이 깨끗지 못한 한, 우리는 신을 깨달을 수 없다. 그러므로 우리는 우리 마음을 깨끗하게 해야만 하고, 우리 목표에 닿을 때까지 해야 할 모든 일이 바로 그것이다. 이것이 우리의 실제적 종교(다르마, dharma)이며, 우리의 영적 노력(사다나, sadhana)이다.

이 마음의 정화는 길고 어려운 과정이다. 몇 달 몇 년으로 이루어지지 않는다. 목표에 닿으려면 여러 생이 필요할 수도 있다.[1]

하지만 힌두 경전은 한 가지 사실을 확인해준다. 한 생에서 이룬 진전은 상실되지 않는다. 이것을 유산으로 다음 생이 시작된다. 나아가 경전은 마음의 정화에 있어 차등화된 과정을 제시한다. 전생들에서의 노력에 의해 현생의 상태가 정해지므로 모든 마음들이 동일한 정화 상태이지는 않다. 우리의 능력, 취향, 성품 등이 각기 다른 이유도 이런 것에 비롯된다. 어떤 이들의 마음은 거칠고 또 어떤 이들의 마음은 정교하다. 힌두교에서는 각자의 정화 상태에 맞추어 시작점을 찾는다.

그렇다면 마음의 정화란 과연 무엇일까? 우리 마음은 세상에 달라붙어 있는 것 같다. 이 마음을 다른 어떤 것이 아닌 신

1) Cf. Gita VI. 45.

에게만 집중해야 한다. 감각적 대상으로부터 멀리하고 신에게
만 고정해야 한다. 그럴 때에만 신을 확실히 깨닫게 되고 영원
히 자유롭게 된다.

하지만 우리 감각은 이 세상의 매력적인 것들과 천상의 것들
에 끌린다. 우리 마음은 감각들을 좇고 신과 인생의 목적 같은
것들은 깡그리 잊어버린다.[1] 마음을 끌어당기는 것들에 대한
미친 듯한 추구로부터 멀리하는 것은 쉬운 일이 아니다.

하지만 얼마나 오랜 시간이 걸리든 간에 반드시 해내야 한
다. 감각적 대상들에 대한 집착은 포기되어야만 한다.[2] 진지하
고 참을성 있는 노력에 의해 성취될 수 있다. 이런 집착이 줄어
들수록 우리 마음은 신에게 점점 가까이 간다.

감각적 대상에 대한 집착은 하루아침에 포기될 수는 없다.
그래야 한다는 생각조차 어떤 사람들에게는 충격적이다. 어린
아이들처럼 미숙한 마음은 세상을 즐기기만을 원한다. 그런 사
람들의 경우 철저한 초연함에 들어갈 필요는 없다. 힌두교는
그런 사람들에게는 예비적인 과정을 제시한다. 프라브리티 마
르가(Pravritti Marga, 욕망의 길)로 알려진 과정이다. 이 세상과 천
상의 좋은 것들에 대한 욕망을 허락하고 그런 욕망을 어떻게
이루는지를 알려준다. 이 길을 진지하게 따르는 사람들은 비참
을 줄이고 이생과 다음 생에서의 쾌락을 많이 얻을 수 있다. 이

1) Cf. ibid II. 67.
2) Cf. ibid. VI. 35.

뿐 아니라 이 과정을 통해 상당한 정도로 마음을 정화할 수 있다. 기본적으로 이 과정은 마음 훈련의 기초 과정이기 때문이다. 베다의 카르마-칸다(제의를 다루는 부분)가 이 길을 보여주며, 푸르바 미맘사$^{Purva\ Mimamsa}$가 세부 사항을 설명한다.

이 세상에 진저리가 난 사람도 있다. 그런 사람들은 천상 세계의 강렬한 감각적 대상에 대한 쾌락에조차 연연해하지 않는다. 이생과 전생의 삶에서의 경험에 의해 감각적 쾌락의 공허함을 뚫어보게 된 사람들임에 틀림없다. 최후의 과정에 적합한 사람들이다. 그 과정은 니르브리티 마르가(Nirvritti Marga, 출가, 욕망 포기의 길)라 부른다. 모든 욕망을 포기하고 마음을 신에게만 절대적으로 집중해야 한다. 여러 방법들이 제시되어 있다. 이들 중의 하나를 택해 목표를 향해 곧바로 나아간다. 우파니샤드로 이루어지는 베다의 기아나-칸다(Jnana-kanda, 지식을 다루는 부분)가 이 길에 대해 가르치는 가장 오래된 길잡이이다.

따라서 힌두교에는 완성을 향해 가는 두 단계의 길을 가르친다. 처음은 욕망의 길이 있고, 적절한 시간이 흐른 후에는 욕망 포기의 길이 있다. 세상에 대한 집착의 마지막 흔적이 끊어지고, 우리 안의 신성이 완전히 드러날 때 그 과정은 끝이 난다. 그때에만 우리는, 삼사라로부터 벗어나 묵티를 얻게 된다.

6
프라브리티 마르가
욕망의 길

세상은 매력적이다. 우리가 즐길 수 있는 것들로 가득 차 있다. 우리를 즐겁게 하는 볼거리, 들을 거리, 냄새, 맛, 만질 거리들이 우리를 끌어당긴다. 우리는 그것들을 붙들고 즐기고 싶어한다. 그런 즐거움을 향한 욕망은 커져가기만 한다.

더하여 미세 세계(영계, 靈界)를 보면 무한히 더 매력적인 것들이 있다. 전 세계를 자기 지배 아래 두고, 모든 부귀와 향락을 자기 재량 하에 지니고 있으면서, 건강하고 강한 신체에 학식 있고 정직하며 낙천적인, 또한 젊은 사람이 있다고 생각해 보자. 그의 행복이 얼마나 큰지 상상할 수 있나? 하지만 이런 사람의 행복이란 것도 미세 세계의 행복에 비하면 아무것도 아니다. 피트리로카(Pitriloka, 선대 3대 조상들의 세계)에 있는 영들이 누리는 행복은 앞서의 젊은이의 행복의 백만 배에 해당한다. 데바로카(Devaloka, 천신天神, 신격神格 들의 세계)에 있는 이들의 행복은 앞의 것의 또 백만 배에 해당하고, 브라흐마로카(Brahmaloka, 창조 신의 세계)의 행복은 또 앞의 것의 백만 배에

해당한다. 이것이 우리의 경전이 가르치는 바다.[1]

경전을 통해 이런 사실을 알게 된 우리는 미세 세계의 강력한 향락 거리 또한 즐기려고 애쓰게 된다. 그리하여 미세 세계와 마찬가지로 이 세계에서의 최고의 것을 얻기를 원한다.

우리의 경전은 이런 욕망을 채우는 길을 보여준다. 이것이 욕망의 길(프라브리티 마르가)이다. 우리의 욕망을 자세히 살펴야 한다고 가르친다. 그것들 모두가 좋은 것은 아니다. 어떤 것은 우리를 악행으로 이끌어 그것의 결과로 참혹함을 안겨준다. 행복을 원하면 이런 욕망은 버려야 한다. 속이고 훔치며 사기치고 타인에게 상처를 주는 일은 모두 악행이다. 그것들은 모두 우리에게 비참을 가져다준다. 이런 것들은 피해야만 한다. 이런 악행을 하려 하는 욕망은 반드시 포기되어야 한다. 우리에게 비참을 가져다주는 이런 악한 욕망들을 우리의 경전은 금지한다. 여기서와 다음 세계에서 행복을 원하는 이는 경전의 이 금지사항(니쉐다, nishedha)을 어겨서는 안 된다.

그런 후, 경전은 우리에게 가치 있는 일을 하도록 명한다. 우리에게 행복을 가져다줄 것이 확실하기 때문이다. 욕망의 길에 있는 동안, 우리는 경전에서 명하는 바(비디, vidhi)를 수행하는 데 노고를 아끼지 말아야 한다.

가치 있는 일의 본질은 무엇인가? 한 마디로 말해 우리를 이기적이지 않게 하는 일은 모두가 가치 있는 일이다. 그런 일이

1) Cf. Tait. Up. II. 8. 1-4.

야말로 우리를 행복하게 한다. 현재의 이기적 관심으로부터 벗어나 미래의 행복을 얻기 위해, 무언가를 지불해야 한다. 이런 행위 하나하나가 희생이다. 우리가 야기아(yajna, 희생)라 부르는 그 무엇이다.

판차-야기아 PANCHA-YAJNA

우리의 경전은 모든 이를 위한 다섯 가지 희생을 제시한다. 데바-야기아, 피트리-야기아, 리쉬-야기아, 느리-야기아, 부타-야기아가 그것들이다. 데바로카와 피트리로카에 있는 이들, 현자들과 경전을 만든 이들, 지상의 모든 인간과 생명 있는 것들을 우리 희생의 행위를 통해 즐겁게 해야 한다. 우리가 가진 것들을 그들에게 내주어야 한다. 우리 행복을 위해 치러야 하는 값이다.

기도와 예배는 신격(神格, 데바, devas)들을 기쁘게 한다. 이 신격들은 우리와 마찬가지의 생명들이다. 우리보다 좋은 자리에 있을 뿐이다. 한때는 인간들이었다. 지상에서의 선행에 의해 데바로카에 신격으로 태어났다. 우리보다 훨씬 큰 힘을 지니고 있다. 빛, 열, 전기력, 비, 바람 등의 기본적 자연력을 통제한다. 우리의 제물로 기쁘게 되면 이런 힘들을 우리가 바라는 바대로 통제하여 우리를 축복한다.

피트리로카에는 우리의 조상들이 거주한다. 우리를 사랑한다. 그들을 기억하고 봉헌물을 바치면 그들은 기뻐한다. 우리

보다 훨씬 더 큰 힘을 행사한다. 그들이 기쁘게 되면 우리에게 원하는 바의 축복을 내리게 되는 이유이다.

현자들은 우리의 물질적 봉헌을 바라지 않는다. 경전을 규칙적으로 공부하면 기뻐한다. 산디아-반다나(Sandhya-Vandana, 저녁 예배) 같은 니티아-카르마(Nytia-karma, 규칙적 공부)가 여기에 해당된다. 이런 일을 위해 시간을 할애해야 한다. 스스로 경전을 읽는 공부(스와댜야, swadhyaya)가 희생의 행위인 이유가 이것이다. 현자들도 기쁘게 되면 우리의 행복을 보살핀다.

느리-야기아는 네 번째에 해당한다. 병든 사람들을 보살펴야 한다. 함께 사는 사람들의 고통을 덜어주어야 한다. 이 일을 하는 사람이야말로 신을 섬기는 사람이다. 신은 여러 형태로 여기 있기 때문이다. 그런 봉사에 기뻐 신은 우리의 바람을 들어주신다.

다음에 오는 부타-야기아에도 같은 일이 적용된다. 짐승과 새와 벌레를 위해 우리 음식을 나누어야 한다. 이런 희생 행위도 우리는 행복을 번다.

처음의 두 야기아는 희생 제의로 구성되고, 나중의 두 야기아는 자비 행위가 된다. 이 넷을 합해 이쉬타푸르타(ishtapurta, 하늘에 쌓는 희생 제의의 공덕)[1]라 한다.

---

1) Ishta: 희생 의식
   Purta: 자선 행위, 공공 우물을 파는 것 같은.

바르나쉬라마 다르마 ^{VARNASHRAMA DHARMA, 인생 각 신분과 단계의 진리}

이 다섯 야기아 외에, 사람들은 자신의 인생 각 단계와 사회에서의 위치에 따른 의무가 있다. 인도인의 삶은 네 단계(아쉬라마, ashramas), 즉, 브라흐마차리아, 가르하스티아, 바나프라스타, 산야사로 나뉜다. 학생기, 가족 부양기, 은퇴기, 출가기를 뜻하는데 차례대로 네 단계를 거치게 된다. 각 단계마다 어떤 특정한 의무가 부과된다. 또한 각기 구별되는 의무 사항을 지니는 네 가지 사회 집단이 있다. 브라흐마나(정신적 스승, 법률 제정자), 크샤트리아(전사戰士), 바이샤(상인), 수드라(노동자)들이 그 네 집단(바르나, varnas)이다. 경전을 공부하고 설명하는 사람들이 브라흐마나다. 엄격하게 순수하고 단순한 삶을 살도록 규제받는다. 크샤트리아는 왕과 군인들이다. 이들은 힘을 남용하면 안 된다. 그들의 무력은 약한 자를 보호하고 악한 자를 징벌하기 위한 것이다. 바이샤 혹은 상인들은 탐욕과 부정직을 행하는 데까지 타락하면 안 된다. 그들의 세력을 자선을 위해 써야 한다. 수드라 혹은 노동자들은 정직하고 열심히 살도록 가르침을 받는다.

이생과 내생에 즐거운 것들을 가지려면 그들의 신분(바르나)과 인생 시기(아쉬라마)에 따른 의무를 모두 이행해야 한다. 이 사회적 신분과 인생 시기에 따른 각자의 의무야말로 그들 고유의 종교(스와다르마, swadharma)이다.

이 다섯 야기아와 바르나쉬라마보다 더 중요하고 더 높은 곳에 있는 것이, 신에 대한 경배다. 우리가 바라는 바를 신에게 기도하는 것이다. 신이야말로 우리 행위에 따른 열매를 베풀어 주는 분이다. 우리가 우리의 의무를 신실하게 행한 후 신에게 열심히 기도하면 그는 우리의 바람을 채워주신다. 우리가 원하는 바를 얻기 위해 할 수 있는 한 우리 힘을 다해야 한다. 그러면, 또한 그런 때에만, 신을 향한 우리의 기도가 응답받기 때문이다.

따라서 진실을 행하고, 도둑질하지 말며, 다른 사람을 상하게 하지 않는 등의 도덕적 원칙과 더불어, 다섯 야기아와 바르나쉬라마 의무 및 신에의 경배는 욕망의 길을 따라가는 모든 이에게 내려지는 명령이다. 야기아는 우리에게 희생과 봉사를 가르친다. 우리의 동류 인간들과 우리 위와 아래에 있는 모든 존재들에 대한 사랑과 봉사를 가르친다. 신은 모든 사랑이며 신은 모든 존재 안에 있다. 따라서, 이런 야기아를 행함으로써 이기심의 어두운 동굴로부터 점차 벗어나 모든 사랑과 빛의 원천인 신에게로 가까이 가는 것이다. 그러므로 야기아는 우리에게 행복을 가져다줄 뿐 아니라, 우리 마음을 정화하여 어둠으로부터 빛으로 우리를 인도한다. 바르나쉬라마 의무 역시 우리의 많은 불순함을 없애준다. 우리의 태만함(타마스, tamas)을 점차 떨어내고 우리의 열정(라자스, rajas)을 통제한다. 마지막으로 신에 대한 생각보다 우리 마음을 더 정화시키는 것은 없다. 신을 생각할 때마다 우리의 마음은 더욱 깨끗해진다.

7

프라브리티 마르가 • 2

그것 그대로^{AS IT IS}

우리는 옛 인도인들이 이생과 내생에서 행복하기 위해 어떻게 노력해왔는지를 보았다. 요점은, 점진적인 자기 제어와 희생, 봉사, 신에의 봉헌을 통해 자신의 마음을 다잡는 것이었다. 이생과 내생의 복락을 위해 그런 훈련을 받는 것이었다.

그런 도덕적, 영적 훈련이야말로 이생과 내생에서의 즐거움을 가져다준다는 사실은 고대의 리쉬(rishi, 현자)들이 발견한 영원한 진리이다. 프라브리티 마르가 즉 욕망의 길은 여기에 기초하고 있다. 이 진리는 옛날뿐 아니라 지금도 유효하다. 여기에 대해 의심할 필요가 없다.

하지만 한 가지는 반드시 알아야 한다. 오랜 세월을 통해 힌두교의 세목들은 큰 변화를 거쳐왔다. 욕망의 길의 중심 진리는 지속되었지만 실행의 형태는 급격한 변화를 겪었다.

예를 들어, 데바-야기아를 보자. 원래는 여러 신들을 향해 버터나 커드 등을 불에 태워 봉헌했다. 그러면서 신들에 대한

송가와 만트라를 염송했다. 그 전체 과정과 송가 및 만트라는
베다에 있는 대로 했다.

　오늘날 우리는, 대체로 불빛과 향, 꽃과 과일, 달콤한 과자
및 그와 비슷한 것들을, 원래의 것과 다른 송가나 만트라와 함
께 신에게 봉헌한다. 나아가, 신들의 이미지나 상징물들[1]을 우
리 앞에 두고 거기에 제물들을 놓는다. 우리의 베다 시대 선조
들은 그런 것들이 없었다. 염송되는 만트라 및 전체 절차도 후
대의(거의가 탄트라의) 경전에 따른다.[2] 불에 태우는 제물로서의
야기아도 의식적인 경배로서 가끔 행해질 뿐이다. 드물게 오늘
날에도 푸트레쉬티-야가^Putreshti-yaga와 같은 순수 베다식 야기아
가 몇몇 사람에 의해 특별한 볼거리로 행해지기도 한다.[3]

　또한 인드라, 바유, 바루나, 미트라, 아쉬비니쿠마라와 같은
베다식 신격들 대부분은 무대에서 사라져갔다. 그들 중 약간은
의식용 예배와 연관되어서만 지금도 유지된다. 수리아, 가나파
티, 비쉬누, 시바, 신성 어머니(샥티) 등에 의해 베다의 신격들
은 오래전에 어둠 속으로 던져졌다. 신은 후자의 형태로 예배
되었다. 이들에 의해 사우라, 가나파티아, 바이쉬나바, 샤이바,
샥타의 다섯 분파가 생겼다. 각 분파는 이 형태 중의 하나를 예

1) 비쉬누를 나타내는 샬라그라마 실라나 시바를 나타내는 시바링감 같은 것. 11
장 참조.
2) 12장 참조.
3) 베다 경배의 순수한 형식은 아리아 사마지의 스와미 다이아난다에 의해 부활
되었다.

배했다. 오늘날에는 나중의 세 분파가 지배적이다.

아주 이른 시기부터 힌두는 일체성에 대한 통찰력이 있었다. 신^{God}은 하나이며 갖가지 형태로 혹은 어떤 형태가 없이도 경배될 수 있음을 알고 있다. 신은 우리 행위에 대한 과실을 맺게 한다. 우리가 옳은 길을 굳게 따르고 신에게 기도하면 반드시 신으로부터 찾는 것을 얻을 것이다. 여러 다른 신격들을 따를 수도 따르지 않을 수도 있을 것이다. 우리의 기도는 신에게 곧바로 갈 것이다. 데바-야기아의 형태로 이루어져야 할 다른 어떤 것도 남아 있지 않다.[1] 따라서 한 형태 혹은 여러 형태들을 지녔거나, 혹은 어떤 형태도 없는 신에 대한 경배는 옛적의 데바-야기아를 대체했다.

이제 바르나쉬라마 의무들로 돌아가자. 우리 사회 구조는 거의 알아볼 수도 없을 정도로 바뀌었다. 이전에는 네 바르나-브라흐마나, 크샤트리아, 바이샤, 수드라가 있었다.[2] 고대 힌두 사회는 각각의 자질과 직업에 따라 네 그룹으로 나뉘어 있었다. 각각에는 제시된 의무가 있었다. 진정한 브라흐마나와 진정한 크샤트리아는 찾아보기 쉽지 않지만, 네 바르나에는 수백의 카스트와 하위 카스트가 있었다. 출생만이 우리의 카스트를 결정한다. 자질과 직업은 거의 카스트와 무관하다. 다른 카스

---

1) 물론, 산디아-반다나 같은 니티아-카르마는 가야트리를 반복하면서 여전히 성행하고 있다.
2) Cf. Gita IV. 13.

트 간의 혼인 금지, 식사 금지는 카스트를 갈라놓았다. 불가촉
천민은 여기에 어떤 고려의 대상도 되지 못한다. 우리 힌두 사
회는 여기에 이르면 아주 슬프다. 증오를 낳아왔다. 보편적이
고 우주적인 사랑이라는 원래의 힌두 이상에서 우리를 끌어내
린다. 바르나쉬라마 의무들은 우리의 자기 정화를 의미하는 것
이었다. 카스트제도는 자기 정화에 역행한다. 카스트제도를 유
지해야 한다면, 적어도 우리 동료 인간들에 대한 증오는 깡그
리 없어져야 한다. 카스트제도에 의해 자라난 편견으로부터 혜
택을 볼 개인이나 사회는 없다.

네 인생 단계, 즉, 브라흐마차리아, 가르하스티아, 바나프라
스타, 산야사 등은 한 개인에게서 이어지는 네 단계이다. 그 각
각의 의무와 함께 영적 성장 과정의 점진적 단계를 형성한다.
이런 체계는 고대 인도인의 인생이 영적 진보를 위한 지속적
추구였음을 보여준다. 인생의 다른 모든 것은 이 궁극의 목표
에 조율되어 있었다.

세상만사의 이상적 상태가 이것이었고, 인생을 최고의 것으
로 만들어주었다. 그런 훈련이야말로 모든 반사회적인 것들을
제거했다. 따라서 이 과정을 통해 개인과 사회는 공히 커다란
이익을 얻었다.

오늘날의 인도 사회에서 개인은 단 하나의 아쉬라마, 다시
말해 가르하스티아※의 단계만을 거친다. 거기에서조차 그 독
특한 의무와 함께하는 가르하스티아의 이상은 빠져 있다. 학생

시기는 브라흐마차리아 아쉬라마의 이상과 무관하게 지나간다. 산야시出家의 삶도 여전히 있기는 하지만, 통상의 관습에서의 예외 정도로서만이다.

이 바르나쉬라마 체계로부터의 벗어남이야말로, 옛 힌두의 이상으로부터 우리가 얼마나 깊이 추락했는가를 말해준다. 우리의 시선은 영적인 것으로부터 세속적인 것으로 전환되었다. 의무를 생각하는 양심은 권리를 생각하는 양심으로 빠르게 대체되었다. 우리가 욕망하는 것을 얻기 위해 우리 자신의 자질을 함양해야 할 필요성을 느끼지 않는다. 단순히 요구하고 그것을 위해 싸운다. 적자생존이 우리의 구호이다. 하지만 이것은 정글의 법칙일 뿐이다. 그 법칙은 영적 진화가 희망되는 곳에서는 작동하지 않는다.

이리하여 본래의 힌두적 삶은 비非영적인 동기의 유입에 의해 거의 망가져왔다. 힌두적 삶에서 필수적인 것이었던 영적 규율은, 없어서 오히려 드러나는 것이 되어버렸다.

그렇게 되어야만 되는 것으로 AS IT SHOULD BE

영적 퇴화의 아주 슬픈 모습이다. 우리 경전에 대한 믿음을 가져야만 한다. 또한 우리 고대의 사상과 이상에 따른 사회를 재건해야 한다. 해야만 할 일은 우리의 변화된 환경에 맞추어 세부 사항들을 재조정하는 일이다.

우리 사회를 네 계급에 의해 재편하는 것은 불가능해 보인

다. 하지만 네 그룹에 해당하는 직업을 맡은 이들이 그들에게
제시된 의무를 헌신적으로 수행해야만 한다는 사실을 받아들
이는 것은 가능하다. 예를 들어 사제나 종교 설교가의 직업을
선택한 사람은 경전에서 제시하는 대로 브라흐마나의 자질을
갖추기 위해 혼신의 힘을 기울여야만 한다. 자신의 직업으로
무기를 든 사람은 경전에 있는 대로 크샤트리아의 규준을 따라
야만 한다. 그들의 직업이 바이샤나 수드라의 그것에 상응하는
사람들에게도 마찬가지로 적용되어야 한다. 물론 세부 사항들
은 필요하다면 변화된 상황에 맞게 조정되어야 한다.

네 인생 시기의 아쉬라마에 관한 것은 가급적 빨리 부활되어
야 한다. 우리가 잃어버린 보물이기 때문이다. 적어도 앞의 세
아쉬라마의 회복을 더이상 늦춘다면 우리 힌두 사회는 곧바로
텅 비어 무너지고 말 것이다. 마지막 아쉬라마는 개인의 선택
에 맡길 일이다.

힌두 아이들이 브라흐마차리아 아쉬라마의 훈련 과정을 거
친다면 주목받을 것이다. 오늘날의 교육기관들은 그 방식에 따
라 재편되어야 한다. 옛 사상과 이상들이 그 교육기관 안으로
녹아들어야 한다. 세속적 교육과 함께 영적 교육이 전승되어야
한다.[1] 영적 토대 위에서의 품성 형성이 전체 교육 과정에서 가
장 중요한 것이 되어야 한다.

그런 훈련만이 한 사람으로 하여금 재가자의 삶을 올바르게

1 Cf. Mund. Up. I. 1.4.

61

살 수 있게 한다. 그런 후에 고통 없이 바나프라쉬타의 단계로 들어가게 된다.

하지만 어떻든 핵심적 도덕규범은 바뀌지 않았다. 욕망의 길을 따르기 원하는 사람은 생각과 행동을 깨끗하게 가지도록 애써야 한다. 의로운 처신이 그의 모토가 되어야 한다. 몸과 마음을 깨끗이 유지해야 한다. 다른 사람을 해치지 말아야 한다. 사기나 거짓말에 간여하면 안 된다. 감각적 대상에 과도하게 탐닉하면 안 된다. 감각기관을 자신의 통제 아래 두도록 최선을 다해야 한다.

도덕규범과 함께, 그들의 시대와 맞게 데바-야기아와 피트리-야기아를 행해야 하고, 옛 방식의 다른 세 야기아나 바르나쉬라마 의무를 그들 당시의 상황 아래서 적용 가능한 만큼 행해야 한다. 요컨대 이와 같은 것들이, 욕망의 길을 가기 원하는 현대 인도인들의 다르마를 구성하고 있다.

8
니브리티 마르가
욕망 포기의 길

인간이 진정으로 원하는 것은 영원한 행복(슈레야, shreyas)이다. 어디서 어떻게 그것을 얻을 수 있을지를 모르고 있을 뿐이다. 감각적 쾌락을 순수한 행복으로 잘못 알고 있다. 이것이 이 세계와 다음 세계의 유혹적인 것들에 마음을 빼앗기는 이유이다.

돈, 자손, 명성과 더불어 수백 가지의 이 세상 것들이 유혹한다. 사람은 그것들을 뒤쫓는다. 어떤 것들을 손에 쥐고 한동안 즐긴다. 어떤 것들은 그의 손을 벗어나고 비참함을 남긴다. 또 다른 어떤 것들은 자기 곁에 남아 있는 듯하다가 홀연히 사라진다. 그런 상실에 상처를 받는다. 그러다 다시 갈망하던 것을 손에 넣자마자 새로운 욕망이 솟아올라 안절부절 못하게 된다. 감각은 즐김을 통해 진정되지 못한다는 사실을 발견하고는 놀란다. 오히려 갈망은 그 과정을 통해 더 커지는 것이다. 그의 인생은 이 덧없는 쾌락을 따라가는 쉼 없는 달음질이 된다. 이 길 위에서 그는 결코 만족을 얻지 못한다. 채워지지 못한 욕망과 갈망하던 것과의 이별로 인한 비참함이 발걸음마다 따라다닌다. 좋아하지 않는 죽음이지만 거듭 죽음을 맞아야 하기 때문에 이런 일은 생을 거듭하면서 계속된다.

보다 높고 미세한 세계에서 순전한 쾌락을 얻기는 하지만, 그 세계들도 영원한 행복은 주지 못한다. 덕행을 한 사람이 죽은 후에 가서 강렬한 즐거움을 즐기기는 하지만 그것도 한동안 뿐이다. 그런 후 이 세계로 내려와 여기에 다시 태어나야만 한다.[1]

진실로, 사람이 욕망에 의해 휘둘리면 이 세계에서나 다음 세계에서 영원한 행복은 얻을 수 없다. 욕망은 사람을 삼사라에 묶어두는 쇠사슬이다.

하지만 사람은 욕망과 헤어지기를 싫어한다. 감각 대상을 향한 갈망이 그를 지배한다. 낙타는 입에서 피가 나는 것을 알고도 가시나무 관목을 훑어먹는다. 태어남과 죽음의 되풀이되는 순환을 통해 말로 표현할 수 없는 비참함을 겪어야함에도 불구하고, 사람은 감각적 쾌락을 홀린 듯이 바라본다.

이런 사람들의 숫자는 아주 대단히 많다. 그들은 첫걸음으로 프라브리티 마르가 즉 욕망의 길을 택하는 것이 좋다. 모든 욕망을 포기하지 않아도 된다. 경전에서 말하는 권면과 금지를 아주 신실하게 따름으로써 욕망을 조절하기만 하면 된다. 이렇게 하는 사람은 이생과 내생에서의 좋은 것들을 즐기게 된다.

1) Cf. Mund. Up. I. 2. 10.

그러면서 그들의 마음은 어느 정도 정화된다. 높은 세계의 강렬한 즐거움을 즐긴 다음에 다시 이 세계로 돌아와 욕망의 길을 더욱 정성들여 따라간다. 덕행으로 인해 죽은 다음 높은 세계의 강한 쾌락을 다시 한 번 겪게 된다. 마음이 아주 정화될 때까지 이런 과정이 계속 반복된다.

이 단계에 이르면 욕망의 헛됨을 깨닫는다. 반복된 경험을 통해, 그들은, 불길이 버터에 의해 결코 꺼지지 않는 것처럼 욕망은 즐김에 의해 꺼지지 않는다는 진실을 깨닫게 된다. 채워지지 않은 욕망은 사람을 불행하게 한다. 나아가 즐길 수 있는 시간은 높은 세계에서라 할지라도 제한되어 있다. 스스로의 경험에 의해 욕망의 길은 영원한 행복을 가져다주지 못한다는 것을 확인한다. 언제나 찾아왔던 그 영원한 행복 말이다. 욕망의 허망함을 깨달은 후, 영원한 행복과 영원한 생명, 무한한 지식으로 인도하는 길을 탐색하여 나선다.[1]

이 탐색이야말로 진정한 종교를 향한 출발점이다. 프라브리티 마르가는 예비 훈련에 지나지 않는다. 우리 마음을 정화하여 감각 대상으로 달려가는 일의 허망함을 깨닫게 하는 것이다. 그것이 정확히 그 효용 범위이다. 완성을 향해 가는 길에서 그 이상 우리를 데려가지 못한다.

즐김을 위한 감각 대상에 붙박여 있는 한, 우리 안의 신성은 우리의 전망으로부터 가려져 있다. 감각 대상으로부터 시선을

1) Cf. ibid. I. 2. 12.

거두어 내면으로 향하게 하여 그를 깨달아야 한다. 그때에만 비로소 완성을 얻을 수 있고, 영원한 행복, 영원한 생, 무한한 지식을 얻을 수 있다.

그러므로 감각 대상을 향한 우리의 욕망이야말로 완성을 향해 가는 길에서의 유일한 장애물이다. 이 세상에 우리를 매어 놓는다. 우리는 이 장애물을 가로지르지 않으면 안 된다. 진정한 종교는 이 가로지름에서 시작하고, 그것에서 끝난다. 욕망에서 자유로워지는 그 순간 우리는 신성神性이 된다.

니브리티 마르가, 즉 욕망 포기의 길은 우리를 이 목표로 이끈다. 욕망을 뿌리 뽑는 방법을 가르쳐, 우리의 영적 본성이 풀려나게 한다. 따라서 이것은 종교를 향한 탁월한 길이다. 프라브리티 마르가를 크게 칭송하고 빼어난 종교라고 여긴 자들을[1], 바가바드기타에서 크리슈나 신이 비판한 이유가 이것이다.

실상, 종교는 욕망 포기의 길에서 시작한다. 카타우파니샤드의 아름다운 한 슐로카(shloka, 聯)가 모든 것을 요약하고 있다. "창조주는 우리의 감각을 바깥을 향하게 만들었다. 우리가 (통상적으로) 우리 자신이 아니라 바깥세상을 오감으로 알아차리고 인지하는 이유이다. 하지만 침착하고 안정된 어떤 사람들은 감각 대상으로부터 그들의 감각을 거두어들인 후 자기 자신을 깨닫는다."[2]

---

1) Cf. Gita II. 42.
2) Ka. Up. II. 1. 1.

우리의 우파니샤드에는 이런 구절들이 많다. 다른 하나를 들면, "종교적 의식儀式이나, 자손, 부富가 아니라, 욕망의 포기 이것만을 통해 불멸을 얻는다."[1]

위의 구절을 흔한 다음의 말과 비교해보자. "라마(Rama, 신) 있는 곳에 카마(kama, 욕망) 없고, 카마 있는 곳에 라마 없다." 우리 시대의 라마크리슈나는 다음처럼 말한다. "신을 만나기를 원하면, 카마-칸차나(kama-kanchana, 욕망과 소유)를 포기해야만 한다."[2]

이것이 니브리티 마르가다. 의심의 여지없이 어렵고 긴 길이다. 하지만 완성으로 가기를 원할 경우 밟아야 할 유일한 길이다.

이 니브리티 마르가는 완성으로 가는 여러 대체 루트를 알고 있다. 목적지를 향해 가는 데는, 육지와 물길, 공중의 여러 다른 루트를 통해 기차, 자동차, 배, 비행기 등의 다른 수단들이 있을 것이다. 우리 형편에 맞추어서 교통편이나 길을 택하면 된다. 이와 비슷하게, 우리 안의 신성을 드러내는 니브리티 마르가에

1) Kai. Up. I. 2.
2) 스와미 비베카난다는 이 점을 강조하며 다음처럼 말했다. "어둠과 빛은, 세상을 즐기는 것과 신을 사모하는 것은, 결코 함께 갈 수 없다. '신과 맘몬을 함께 섬길 수 없다.' 주님을 위해 모든 것을 포기하라."
다른 종교에서조차 이런 절제에의 강조를 찾아볼 수 있다. 예수는 부유한 젊은이에게 이렇게 말했다. "네가 가진 것을 모두 버리고 나를 따르라." 그리고 이렇게도 말했다. "누구든지 자기 목숨을 구하고자 하는 이는 잃을 것이요, 나를 위해 자기 목숨을 버리는 자는 얻으리라."

는 여러 다른 루트가 있다. 우리에게 최고로 잘 맞는 길을 택하면 된다.

힌두교에서 제시하는 여러 다른 길들은 각기 다른 자질을 지닌 사람들에게 맞추어져 있다. 어떤 사람은 행동적이고 어떤 사람은 사색적이다. 어떤 사람은 정서가 강하고 어떤 사람은 이성이 강하다. 우리의 종교는 각각의 사람들에게 서로 다른 길을 제시한다.

이런 길들을 일러 요가^{yogas}라 부른다. 요가는 문자 그대로는 합일을 뜻한다. 이 길들은 우리로 하여금 신을 알아차리는 단계로 이끈다. 우리를 신과 합일하게 한다는 말이다. 물론 그 합일은 늘 있어 왔다. 요가에 의해 우리가 그 사실을 알아차리게 되는 것이다. 어쨌든 이 길들을 요가라 부르는 이유가 이렇다.

크게 말해 네 가지 다른 성향의 사람에게 맞는 네 가지 요가가 있다. 행동적인 사람에게 카르마^{Karma}-요가, 이성적인 사람에게는 기아나^{Jnana}-요가, 감성적인 사람에게는 박티^{Bhakti}-요가, 경험주의자에게는 라자^{Raja}-요가가 있다.

기타에서 크리슈나 신은 말한다. "수천의 사람 중에 한 사람만이 해방(해탈)을 위해 진지하게 노력한다."[1] 사실, 자연 상태를 벗어나 자유롭게 되기를 진지하게 원하는 사람은 거의 없다. 거듭되는 환생을 통해 감각적 쾌락의 공허함을 경험한 사람들만이 욕망 포기의 길을 간다. 그들에게만, 감각 대상에의

---

1) Gita VII. 3.

욕망이 그들이 진력하여 깨부수기를 원하는 속박으로 드러나 보인다.

이를 이루기 위해, 네 가지 요가 중 하나를 택해 거기서 제시된 영적 훈련을 통과해야 한다. 그들의 구루나 영적 안내자들은 그들에게 가장 적절한 길을 보여주고 그 길에서의 어려움들을 극복하는 방법에 대해 조언한다. 힌두교는 영적 지망자(사다카, sadhaka)에게 영적 지도자(구루, guru)가 필수불가결하다는 사실을 명확히 밝히고 있다.

9
라자-요가

어떤 것을 보거나 들었을 때 확인해보지 않고는 믿지 못하는 사람들이 있다. 명백한 근거와 결과에 의해서만 믿으려고 한다. 여기에 속하는 사람들은, 달리 말해 과학적인 견해를 지닌 사람들이다. 오늘날 이런 사람들의 숫자가 증가하는 추세에 있다.

그런 사람들에게 딱 들어맞는 것이 라자-요가이다. 어떤 교리도 주입시킬 필요가 없고 어떤 신비한 의식도 행할 필요가 없다. 단순히 정신 집중 과정만을 요구한다. 그 과정은 단계가 나누어져 있다. 그리고 완벽하게 이성적이다. 마음이 절대적인 고요(정지)에 이르면 해탈mukti, liberation의 목표를 이루게 된다.

아쉬탕가(ashtanga, 여덟 부분으로 된) 요가로 불리는데, 거쳐 가야 할 여덟 개의 연속적인 과정이 있기 때문이다. 어떤 것에도 신앙을 가지고 시작할 필요가 없다. 효과 여부를 시험한다는 생각으로 하나하나 과정을 거쳐가기만 하면 된다. 진지하게만 임하면, 입문 과정의 초보자라도 짧은 시간 안에 진기한 체험을 할 수 있다.

여덟 과정들

야마^{yama}, 니야마^{niyama}, 아사나^{asana}, 프라나야마^{pranayama}, 프라티
아하라^{pratyahara}, 다라나^{dharana}, 디아나^{dhyana}, 사마디^{samadhi} 등이 여덟
개의 연속적 과정이다.

앞의 두 과정은 도덕적 정화를 의미한다. 야마는 비폭력, 정
직, 도둑질 않기, 절제, 뇌물 받지 않기 등으로 구성된다. 니야
마는 청결, 지족^{知足}, 검소, 학습, 신에의 자발적 복종 등을 말한
다. 이러한 도덕적 덕목이 없이는 영적 진전은 불가능하다. 따
라서 앞으로 더 나가기 전에 야마와 니야마의 바탕을 튼튼히
해야 한다.

다음은 아사나다. 이것은 일종의 육체적 단련이다. 오랜 시
간 꼿꼿이 앉아 있을 수 있도록 몸을 훈련하는 것이다. 여러 자
세가 제시된다. 하지만 모든 경우에, 척추를 반듯하게 세워야
한다. 머리, 목, 가슴이 일직선을 이루어야 한다. 어떤 자세를
취하든지, 적어도 한 시간 동안 움직임 없이 앉을 수 있을 때까
지 연습해야 한다.

프라나야마는 호흡운동이다. 리드미컬한 호흡은 마음을 집
중하는 데 도움이 된다. 움직임 없이 앉아^{asana} 리드미컬한 호흡
을 하고 있으면^{pranayama} 마음으로 하여금 내면을 들여다보게 한
다. 프라나야마의 수행에는 반드시 숙련가의 지도가 필요하다.

그러지 않을 경우, 몸을 심하게 다칠 수 있다.

다음 단계는 프라티아하라인데, 감각기관들을 끌어넣는 (draw in, 철수하는) 것을 말한다. 마음은 이 기관들에 의해 강하게 또 부단히 동요된다. 육체적 신체에 있는 눈, 귀 등은 외부 기관에 불과하다. 우리의 경전에 의하면 이것들에 대응하는 눈에 보이지 않는 미세한 기관들(indriyas, 인드리야, sense-organs)이 있다. 이 내부 기관들은 원래 각각에 대응하는 외부 기관에 연결되어 있다. 이 외부 기관들이 그들의 감각 대상vishaya과 접촉하게 되면, 내부 기관이 각각 특이한 파동으로 덮이게 되고, 대응하는 파동을 마음에 일으키게 된다. 예를 들어, 신체기관인 눈이 꽃과 접하면, 내부 시각기관이 마음에다 꽃의 형태를 만드는 식이다. 우리가 바깥의 것을 보는 것은 이 마음에 만들어진 형태를 보는 것이다. 모양, 소리, 냄새, 맛, 감촉 등 모든 감각 또한 마찬가지다. 각각의 감각은 인드리야를 통해 마음에서 각각 독특한 조정을 거친다. 따라서 깨어 있는 동안에는, 외부 기관은 그들의 감각 대상과 늘 접하게 되고, 또한 이것이 내부 지각기관jnanendriya을 장악하며 마음에 이르러 논스톱으로 일련의 변조를 거치게 된다.

하지만 이것이 전부가 아니다. 이런 식으로 만들어진 지각은, 암시를 통해, 마음의 심연으로부터 그와 연결된 사고와 충동들을 소집하여 행동의 내부 기관(karmendriya, 손, 발, 성대, 생식기, 배설기)들을 동요시킨다. 이것은 그 즉시 마음의 재료들 중에서 의지의 파동을 불러일으킨다. 꽃을 본다. 마음속으로부터 생각과 충동들이 들끓어올라 꽃을 딸 것을 결심한다. 이 모든 것이 마음속 재료들의 연쇄적 변화들이다. 따라서 내부 감각기관들이 외부 기관들에 연결되어 있는 한, 마음은 끊임없는 소동 상태에 있을 수밖에 없게 된다.

프라티아하라는 내부 기관들을 외부 기관들로부터 떼어내어 내부 기관들을 조용한 상태로 유지하는 것을 말한다. 마음의 평화를 향한 위대한 발걸음이라 할 수 있다. 잠재의식에서 끓어오르는 생각에 대한 통제가 첫 과제이다. 마음이 계속 달려가게 놔두면서 마음의 심연으로부터 솟아오르는 생각들을 바라보는 것이다. 일종의 마음 비우기 훈련이다. 심연으로부터 표면으로 돌진해나오는 생각의 속도가 점차로 늦춰진다. 이것이 계속되면 마음은 점점 안정되고 이와 함께 신경은 점차 진정되면서 강화된다. 그렇게 되면, 내부 기관들을 잠시 멈출 수 있게 되고, 외부 기관들로부터 떼어낼 수 있게 된다.

프라티아하라를 통해 마음이 점차 안정되고 굳건해지면, 마음의 모든 능력들이 예리해진다. 마음의 불안함이 줄어들수록 관찰력, 추리력, 기억력 등의 능력이 늘어난다. 사실 마음이 안정되면, 예리하고 굳건하며 활기차게 된다. 좋은 인성은 그 기초에 이런 마음을 지녀야 한다. 마음이, 외부와 내부의 많은 혼란으로부터 벗어나 그러한 굳건함을 얻는 데 있어, 프라티아하라는 중요한 요소이다. 이런 프라티아하라를 한동안 수행하면,

마음이 오히려 유연해지면서 하나의 목표 혹은 사상으로 집중할 수 있게 준비되는 것을 느낀다.

이 단계에 이르면, 마음을 하나의 단일한 대상^{object}에 고정시키는 노력을 해야 한다. 명상해야 할 하나의 대상을 어떤 것이든 정해야 한다. 하지만 아무리 노력해도 마음은 그 한 대상에 완전히 붙어 있지 못한다는 것을 알게 된다. 대상은 흐릿하게 보이게 되고 집중에는 균열이 생긴다. 하지만 자꾸 거듭해서 시도해야 한다. 이 과정을 일러 다라나^{dharana}라 한다.

다라나는 자연스럽게 디아나^{dhyana}에 이른다. 하나의 대상에 마음을 고정하려는 반복되는 시도를 하다 보면, 짧은 시간 동안 그것을 완전히 이루게 된다. 이때 마음은, 과녁을 향해 끊어짐 없는 흐름 속을 흘러가는 모습을 보인다. 이 마음의 단계를 디아나라고 한다.

이 디아나를 열심히 수행하면 사마디$^{samadhi, 삼매}$라는 또 다른 단계에 이른다. 이것은 탁월한 집중을 말한다. 사마디에 들어가면 마음은 다른 모든 것들에 대한 붙듦(파악)을 잃어버린다. 깊은 잠에 든 것처럼, 사마디에 든 사람은 자신에 대한 모든 의식을 잃어버린다. 무엇을 명상하고 있는지조차 녹아 없어진다. 하지만 마음은 이전 어느 때보다 더 예리해진다. 명상의 대상이 섬광처럼 마음으로 들어오면서 마음 전체를 차지하게 되는 것이 이때이다. 대상에 대한 지식이 완전해지는 때가 이때이며, 오직 이때뿐이다.

74

이 마음 상태를 일러 삼프라기아타^{samprajnata} 사마디라고 한다. 우주의 어떤 것이든지 간에 마음이 이런 사마디에 녹아들 때까지 명상하면, 그것에 대한 완전한 지식을 얻을 수 있다. 그런 깊고 직접적인 지식과 함께, 대상에 대한 통어統御와 완전한 통제가 가능해진다. 눈에 보이는^{gross} 원소(bhutas 흙, 물, 불, 공기, 에테르)에 대한 이런 집중을 통해, 힌두 요기는 외부의 세계를 통제하는 힘을 얻는다.

첫 다섯 단계는 요가, 다시 말해 집중의 준비일 뿐이다. 그 다음의 세 단계인 다라나, 디아나, 사마디가 삼야마(samyama, 감각의 통합 억제 통제)로 알려진 집중의 본격적 과정을 이룬다. 삼야마는 다라나로부터 시작되어 디아나와 사마디의 각각의 마땅한 과정을 통해 성숙된다.

삼야마의 수행 연습은 처음에는 눈에 보이는 대상을 가지고 시작하여, 다음으로 점차 미세하고 눈에 보이지 않는 대상으로 나아간다. 보다 더 미세한 단계에서는 마음 그 자체가 집중의 대상이 된다. 이를 통해, 힌두 요기는 타인의 마음뿐 아니라 그들 자신의 마음에 대한 통제력을 갖게 되고, 외부와 내부의, 세계 속 모든 것을 속속들이 알게 된다.

하지만 이것은 궁극적 목표가 아니다. 삼프라기아타 사마디는 잠재력을 발현하여, 외부와 내부 세계의 모든 대상물들의 비밀을 드러내고, 요기로 하여금 그것들에 대한 완전한 통제력을 얻게 한다. 하지만 자신의 신성을 드러내는 데나 윤회로부터 해방되는 데까지는 미치지 못한다. 그런 한 단계에라도 미치지 못하게 되면, 몇 생을 비참한 존재로 다시 태어나 맴돌게 된다.

하지만 그 사람은 거의 최상의 깨달음(realization, 실현)의 문 앞에 와 있다. 요기가 인내를 가지고 자신의 마음에 대한 사마디 수행을 꾸준히 해나가면, 어떤 단계에 이르러 아주 놀랄 만한 일이 일어난다. 갑자기 마음이 완전히 정지된다. 이런 일이 일어나면, 바로 그 즉시 아삼프라기아타 사마디^{asamprajnata samadhi}에 이른 것이다. 마지막 덮개가 벗겨지고 자기(셀프 아트마)가 신적 영광 속에 드러난다. 요기는 자기 존재의 핵심에 도달하게 되는데, 그것이 다름 아닌 신임을 깨닫게 된다.

그런 후 의식이 평상으로 돌아오면, 요기는 완전히 변화된 모습을 보인다. 바라는 바도, 두려워할 것도, 슬퍼할 것도 없게 된다. 목표에 도달한 것이다. 가슴은 평화로 충만하게 된다. 모든 것에 대한 사랑과 자비로 다른 사람들을 해방의 길로 이끌면서 주유하게 된다.

주의 사항

그러나 라자-요가의 길에는 수많은 함정이 있다. 시작에서부터 이것들을 조심하지 않으면 안 된다. 지나치게 서두르는 것은 어떤 경우나 위험하다. 야마와 니야마를 통한 기본적인 도덕적 준비가 그 다음에 올 어떤 과정보다 먼저 이루어져 있어야 한다. 그렇지 않을 경우, 요기의 수고는 자신의 몸을 망치는 것으로 끝날 것이다. 신경질환 나아가 정신이상에 이르기까지의 온갖 종류의 신체적 질환이 그런 무모한 열성의 결과가 될 수 있다. 그리고 지도자 없는 프라나야마(호흡 수행)도 마찬가지로 위험하다. 이 단계를 통째로 뛰어넘어 프라티아하라로 넘어가는 것이 오히려 더 나을 수도 있다.

프라티아하라에서 마음은 스스로를 알기 시작한다. 요기는 새로운 영역으로 들어가고 새로운 경험들을 하기 시작한다. 다라나, 디아나, 사마디를 통해 집중이 깊어짐에 따라 마음의 방대한 잠재적 능력을 발견하게 된다. 마음이 가지고 있는 에너지의 많은 부분이 마개도 따지 않은 채로 사장되거나, 범인凡人들에 의해 낭비되고 있다. 요가는 잠재적 힘을 깨어나게 하고 그 힘을 이용해 놀라운 일들을 하게 한다. 이런 비범한 초인간적인 힘을 일러 시디siddhis라고 한다. 최면술, 텔레파시(정신감응), 천리안, 영청력靈聽力 등 많은 기적적인 일들이 이 시디(신비력)의 도움을 받아 요기에 의해 쉽게 이루어진다.

하지만 이런 능력들은 요기를 곧바로 함정에 빠뜨린다. 부자들이 그러는 것처럼, 이 경이로운 힘들로 인해 요기의 마음은 신의 길에서 벗어난다. 부나 숭배를 위해 이런 능력을 시현할 유혹을 느끼기도 한다. 만약 그런 식으로 되면, 윤회의 미로에 다시 빠지게 된다.

영원한 지복을 진정으로 찾는 이라면 그런 유혹에 결코 굴복해서는 안 된다. 요가 수행을 통해 이런 것이 얻어지려 할 때, 그것을 구하거나 그것을 보여주려 해서는 결코 안 된다.

하지만 세속적인 것이나 기적적인 힘을 얻기 위할 목적으로만 라자-요가를 시작하는 사람들이 있다. 자신의 건강, 아름다움, 젊음을 증진시키기를 원하고, 기적을 보여줌으로써 다른 사람들을 이용하려고 한다. 이 사람들은 이기적이고 세속에 매여 있음이 분명하다. 이런 사람들의 손에 들어간 초자연적 힘은 사회에 위험이 되기 쉽다. 함께하는 사람들에게 악영향을 끼칠 수 있다. 따라서 우리의 신성이 드러나도록 도울 수 있는 라자-요가는 이런 초능력 탐색자들에 의해 남용되기가 쉽다. 요가를 이런 세속적 능력 차원에서 해석하는 사람들을 조심해야 한다. 영성은 이런 능력들과는 아무 연관이 없다. 이런 것들에 대한 욕망은, 세속적인 것들에 대한 다른 모든 욕망들과 마찬가지로 영적인 삶에는 자살과도 같은 것이어서, 독약을 대하듯이 해야 할 것이다.

10
기아나-요가

잠수부들은 바다 바닥에서 진주를 건져올린다. 우리의 힌두 리쉬들은 최고의 잠수부들이다. 잠수를 위해 바다로 나가는 대신, 그들 자신의 내부로 들어가 세상의 그 어느 것보다 더 귀한 보물을 발견해냈다. 성공적인 잠수를 마친 한 리쉬가 밖으로 나와 이렇게 외쳤다. "불멸자의 자녀들아 들으라. 이 세계와 좀 더 높은 세계에 있는 모든 자들아 들으라. 죽음(무지)을 넘어 이르게 될 위대한 존재에 대해 내가 알게 되었다."[1] 스스로의 안으로 뛰어든 리쉬는, 우주의 심연에 이르러, 죽음 너머로 우리를 데려갈 수 있을 위대한 보물을 발견한 것이다.

리쉬는 자기 자신을 알고자 했다. 그의 마음을 감각 세계로부터 거둬들여 자신의 진짜 자신Self를 찾아내는 데 그 마음을 썼던 것이다. 침묵으로 몰입하여 한곳으로 마음을 집중시켰고, 셀프(자신)가 스스로를 영광 가운데 드러냈던 것이다. 리쉬는 자신이 진짜 누구인지를 보았다. 그의 셀프(아트만)는 다름 아

1) Shwet up. II. 5. & II. 8.

닌 신-우주의 위대한 영(靈, 브라흐만)이었다. 그렇게 자신이 신과 하나인 것을 깨달은 그는 목적지인 해방에 닿았고, 유레카를 외쳤다. 충만한 기쁨 속에서.

이런 기적이라니! 자신이 누구인지를 알자마자 인간은 신이 되었다. 그렇다. 인간은 신에 다름 아니었다. 그는 언제나 신이었다. 단지 스스로 그것을 발견하기만 하면 되었다. 해방을 위해 해야 할 일은 이것뿐이었다(mukti).

이런 발견에 곧바로 이르게 하는 영적 훈련(사다나, sadhana)이 기아나-요가다. 기아나는 지식을 의미하고, 기아나-요가는 자기^{Self} 지식에의 집중을 의미한다. 이런 집중은 무지의 심연을 통과하도록 도움을 주고, 진정한 셀프(아트만)가 위대한 존재(브라흐만)에 다름 아님을 깨닫게 한다.

이 요가는 베다의 기아나-칸다에 기초하고 있다. 우파니샤드는 이 주제를 주로 다룬다. 우파니샤드는 명한다. '너 스스로를 알라.'[1] 왜 그리 명하는가? '인간의 진정한 셀프는 위대한 존재와 똑같은 것이기' 때문이다.[2] 따라서 자신을 앎으로써 위대한 존재를 알게 되고 그와 하나가 된다.[3] 그리하여 해방된 영혼(묵타 푸루샤, mukta purusha)이 된다.

빈말이 아니다. 단순하게 교리를 설파하는 것도 아니다. 우

---

1) Cf. Mund. Up. II. 2. 5.
2) Bri. Up. II. 5. 19.
3) Cf. Mund. Up. III. 2. 9.

파니샤드의 리쉬들에 의해 발견된 영적 진리들이다. 또한 이
땅의 수많은 신성한 성자들과 선각자들에 의해 지금까지 계속
증명되어왔다.

기아나-요가는 이런 영적 진리 위에 서 있고, 셀프 지식$^{atma-jnana}$과 해방^{mukti}으로 곧바로 접근하는 길을 열어왔다.

이 요가는 어떤 종교적 제의 규범도 제시하지 않는다. 또한
라자-요가에서처럼, 몸과 마음의 준기계적 훈련을 통하는 것
도 아니다. 경전에 드러나 있는 자기 존재의 근본에 대한 심사
숙고와 그에 따른 명상이 기아나-요가 과정의 전부다. 천성적
으로 이성적인 지성인들에게 호소력이 강한 이유가 바로 이것
들이다.

기아나-요기들에게 에둘러 갈 길은 필요 없다. 분별의 칼로
무지의 영역을 곧바로 잘라내어 가장 빠른 길을 통해 목적지에
다다른다.

하지만 그런 지름길을 만드는 것은 쉽지 않다. 기아나-요가
로 들기 전에 꼭 필요한 정신적 준비 사항이 많다. 아주 건강하
고 순수한 마음을 지녀야 한다. 자신^{Self}의 신성은 아주 섬세하
고 집중된 지성의 도움이 있을 때만 깨달을 수가 있고,[1] 지성은
완전히 정화된 마음이 되었을 때만 앞에 말한 상태에 도달할
수 있기 때문이다.

이것이 네 가지 요구 조건(sadhana-chatushtaya-sampanna)[1]에

1) Cf. Ka. Up. I. 3. 12.

잘 준비된 사람들만 이 요가에 적합하다고 말하는 이유이다.

실재(신)와 비실재(우주)를 반드시 구별해야 한다. 이 세상과 다음에 올 세상들에 연연하면 안 된다. 감각과 마음이 완전히 통제되어야 한다. 그리고 어떤 상황에서도 만족한 채로 있어야 한다. 어떤 불행이 와도 견뎌야 하고 원한이나 유감을 갖지 말아야 한다. 자신에게 강한 믿음을 가져야 하고, 리쉬들이 발견한 영적 진리에 대해 강한 믿음을 가져야 한다. 마음을 집중해야 한다. 아울러 무엇보다, 묵티를 얻고자 하는 불타는 열망을 지녀야 하고, 이 목표를 얻고자 하는 집중된 헌신이 있어야 한다.

이런 정신적 장치가 없이는 자기에 대한 명상은 불가능하다. 자신의 진실한 본성에 대한 심사숙고만으로는 기껏해야 희미한 지성적 개념만을 얻을 수 있을 뿐이다. 그 이상의 것들은 불가능하다. 그리고 자기에 대한 깨달음과 비교하면 이런 개념은 쓰레기에 불과하다. 박식한 학자처럼 입만 나불거리게 할 수 있을 뿐이다. 깨끗지 못한 마음의 사람이 이 길에 들어섰을 때 이런 일들만 일어난다. 영적 빛남(계몽)은 이런 것에서 멀리 떨어져 있어서 순수한 사람들만이 이룰 수 있다.

필수적인 준비가 된 사람들에게라면, 기아나-요가는 세 단계의 과정이면 충분하다. 슈라바나(shravana, 듣기), 마나나(manana, 심사숙고), 니디디아사나(nididyasana, 명상) 들이 그것

1) Br. S. I. 1.—Shankara-Bhashya.

이다.

첫 단계(슈라바나)는 진정한 자기에 대해 듣는 것이다. 밝아진 안내자를 통해 들어야 한다. 해탈한 현자만이 이 주제에 대해 효과적으로 말할 수 있고,[1] 제자의 의문을 풀어줄 수 있다. 물론 마땅히 준비된 제자일 경우에 그렇다. 셀프 지식의 비밀을 드러내 보여줄 수 있도록, 제자는 겸손과 적절한 질문과 봉사로써 스승에게 다가가야 한다.[2] 그런 현자를 찾을 수 없을 때는 적어도 잘 숙련된 사람의 지도를 받아야만 한다. 이럴 경우, 셀프 지식에 관련된 경전을 아울러 공부해야만 한다.

두 번째 단계는 마나나이다. 심사숙고를 뜻한다. 구루로부터 들은 것과 경전에서 들은 것을 곰곰이 생각해야 한다. 아주 미세한 추상화를 계속해야 하기 때문에 엄격하고 끊임없는 생각을 충분히 해야 한다. 또한 한 점을 향한 집중 가운데 이루어져야 한다. 간단히 말해 이것이 마나나가 뜻하는 바다.

통상적으로 우리는 혼란스런 생각을 많이 하는데, 마나나를 통해 가능한 한 교정되어야 한다. 관찰과 학습을 통해 세계에 관해서는 아주 많이 안다고 하지만, 우리 자신에 대해서는 거의 아는 것이 없음이 사실이다.

'나', '내', '나의', '내 것'이라는 말들이 가장 많이 쓰이는 단어들이다. 내가 주체이고 바깥에 있는 전 우주는 나의 경험의

1) Cf. Mund. Up. I. 2. 12.
2) Cf. Gita IV. 34.

대상이다. 따라서 세계는 경험의 주체로서의 나 자신과 나의 경험의 대상으로서의 그 밖의 모든 것으로 나누어진다. 이 둘 중에서 주체가 더 중요한 것임은 확실하다. 실상, 나는 세상을 보는 내 관점의 중심이다.

하지만 자기 자신이 다른 무엇보다 중요함에도 불구하고, 우리는 우리 자신에 대해 아주 뒤죽박죽인 인식을 갖고 있는 것으로 보인다. 우리가 하는 말 자체가 이 사실을 잘 드러낸다. 실상, 우리가 '나'라는 말로 지칭하는 것이 정확히 우리 존재의 어떤 부분을 뜻하는지 잘 알지 못한다는 사실이 우리를 가장 놀라게 한다. 실제로 이 단어는, 한 사람이 가장 생생하게 연관되어 있으면서 다른 모든 것은 그것 다음에 오는 어떤 것을 뜻한다.

내가 "이건 말ᵃ ʰᵒʳˢᵉ이야"라고 말한다면, 그 말은 나와 구별되는 어떤 것이며, 그 말은 내 경험의 한 대상물에 불과한 것임을 내가 의미하는 것임이 확실하다. 내가 "이건 내 말이야"라고 말한다면, 그 말ʰᵒʳˢᵉ은 내 경험의 분명한 한 대상이며 내게 속한 것이라는 의미로 하는 말이다. 결코 그 말을 나와 혼동하지 않는다. 말이 발로 찬다면, 내가 찬다고는 절대 말하지 않는다. 여기까지는 우리 생각에 일관성이 있다. 여기서의 말ʰᵒʳˢᵉ처럼 우리 경험의 여느 다른 대상에게도 같은 의미가 적용된다.

하지만 내가 "내 몸"이라고 말할 때, 내 생각에는 약간의 혼동이 생긴다. 내 몸은 내게 속한 것이 분명하기 때문에 몸이 나와 구별되는 어떤 것임은 확실하다. 다른 여느 것들과 마찬가지로 내 경험의 한 대상이다. 하지만 우리의 생각은 이 지점에서 전혀 분명하지 않다. "내가 상처를 입었다."고 말하게 되면 혼동이 온다. 상처는 내 몸에 입은 것이 분명하고 몸은 나와 구별된다. 하지만 나는 이 사실을 잊고 "내가 상처 입었다."고 말할 때면, 몸을 나 자신으로 혹은 내 존재의 한 부분으로 여긴다. 이런 식으로, "나는 약하다, 아프다, 늙었다." 등등으로 말한다. 실제로는 몸이 그런 상태에 있는데도 내가 그렇다고 말한다. 우리가 남자다 혹은 여자다라는 생각마저도 이런 혼동된 생각에서 비롯한다.

마음이라는 단어도 마찬가지다. 우리는 '내 마음'이라는 표현을 쓴다. 이 표현을 통해 우리는 마음이 우리 자신과 구별됨을 확실히 의미한다. 또한 우리는 모든 외형적 사건을 관찰하듯이 마음이 하는 기능들을 볼 수 있다. 사실, 마음은 다른 모든 것들과 마찬가지로 우리 경험의 한 대상이다. 하지만 우리는 이 생각을 분명히 갖고 있지 못한다. 만일 분명히 갖고 있다면, 어떻게 "내가 생각한다, 내가 원한다, 내가 하려 한다."고 말할 수 있을까? 실제로는 내가 아니라 마음이 하고 있는 일인데도 말이다. 동일한 생각을 전하면서 우리는 두 가지 표현을 섞어 쓴다. '내 마음이 걱정한다.'와 '내가 걱정한다.'가 그것이다. 우리 마음과 우리 자신과의 관계에 대해 혼동하고 있음을 분명히 보여주는 예이다.

몸과 마음은 내 경험의 별개의 대상들이다. 하지만 우리는 그것들을 우리 존재의 한 부분들로 치부한다. 그렇지만 우리가 "내 몸", "내 마음"이라고 말할 때, 진실이 누설되어 나온다. 우리 생각 속에서 진실과 비진실은 약간씩 섞여 있다.[1] 이것은, 힌두 경전에 의하면, 원천적 무지 때문이다. 이 무지는 우리의 진실한 본모습을 감추고 실제의 우리가 아닌 모습으로 우리를 드러낸다. 완전히 동일한 영혼(아트마, 의식)이 모든 피조물에게 있다. 극미한 아메바로부터 해탈한 현자에 이르기까지 그렇다. 드러남의 정도만이 다를 뿐이다. 무지가 점차 닦여나가면, 영혼(아트마, 의식)은 점점 더 확연히 드러난다.

인간의 차원에서 말해보면, 우리의 진정한 자기에 대한 무지는 너무 깊어서 우리는 우리가 몸에 다름 아니라고 생각할 정도이다. 우리 자신에 대한 가장 조잡한 인식이다. 부족하고 불완전한 분별력을 써서, 우리는 우리 자신이 몸과 감각과 마음이 함께 뭉쳐진 것이라고 점차 믿게 된다. 하지만 거기서 한 걸음 더 나가보면, 몸은 외부 덮개에 지나지 않음을 발견한다. 우리는 그 덮개 안에, 감각, 마음, 지성^{buddhi}, 생기^{prana} 등으로 구성된 보다 미세한 상태의 존재 안에서 살고 있다. 보다 더 나아가면, 우리는 이것들조차도 우리 경험의 대상임을 알게 된다. 그것들의 기능을 알게 된다. 이 단계에서 우리는 지성 안에 살고 있음을 발견한다. 통상적으로 이 지성이 모든 피조물^{jiva}이 자리

1) Br, S. Shankara-Bhashya—Introduction.

하는 곳임이 드러난다.

지성에 자리하고서 지바[jiva]는 모든 행위의 행위자임과 모든 경험의 주체임을 주장한다. 이 사실에 대해, 아름다운 비유적 묘사를 통해 우파니샤드는 다음과 같이 기술하고 있다. "영혼은 말 탄 사람으로, 몸은 마차로, 지성은 마부로, 마음은 고삐로, 육체적 힘은 말들[horses]로, 감각 대상은 그들이 지나가는 길로 알아라."[1]

사실, 우리는 지성 안에 지바[2]로 살고 있다. 그 지성은 눈에 보이지 않는 미세 몸(sukshma sharira, subtle body)의 한 부분이고, 미세 몸은 지성, 마음, 내부 감각기관, 생기 등으로 구성되어 있다. 지바인 우리는 물질적 몸(sthula sharira, gross body)을 통해 눈에 보이는 외부 세계와 접촉한다. 한편, 깊지 않은 잠 속의 꿈에서는 물질적 몸은 그대로 가만히 내버려둔 채, 우리는 행위와 경험의 주체가 된다. 죽음의 시간에 우리는 미세 몸 전체를 데리고 물질적 몸을 빠져나오고 재탄생 시에 다른 물질적 몸으로 들어간다. 따라서 지바로서의 우리는 무수한 탄생과 죽음을 거치면서 삶을 이어간다.

하지만 우리가 깊은 잠에 곯아떨어질 때, 아주 놀라운 일이 날마다 일어난다. 깊은 잠(수슙티, sushupti)에 빠지면, 우리는 모든 방향감각을 잃고 그야말로 무대에서 깨끗이 사라져버린다.

---

1) Ka. Up. I. 3. 3-4.
2) See Chap. XIX.

어떤 것도 감지할 수 없고 어떤 행위도 할 수가 없다. 행위자와 감지자로서의 존재가 중단되는 것이다. 더이상 지바가 아닌 것이다. 우리는 원인적 상태로 환원된다. 이 상태에서는 잠재적으로 존재하는 우리의 생각과 경험과 더불어 살고 있다. 그리고 수습티에서 놓여나자말자, 꿈꾸는 상태나 잠 깬 상태로 들어가게 되고, 우리는 행위와 인지의 주체로서 존재로 뛰어드는 것이다.

실상 이 수습티의 현상은 특이하다. 행동과 경험의 주체로서의 존재의 연속성에 거의 매일 중단을 가져오기 때문이다. 하지만 깊은 잠에 빠진 때를 우리가 존재하기를 그친 때라고 말할 수는 없다. 완전한 공백이나 허공은 아니다. 깊은 잠을 자고 있는 때라도 우리 존재는 연속되고 있음을 느낀다. 잠을 깨고 난 후에, 우리는 우리가 깊은 잠을 잤으며 어떤 것도 경험하지 못했다는 것을 알며 또 말할 수도 있다. 우리는 누구의 증거에 근거하여 그런 말을 하는 것일까? 우리 존재의 적극적 부분은 무대 위에 없었다. 하지만 깊은 수면 상태(수습티)를 목격하는 어떤 것이 우리 안에 머물고 있었다. 따라서 아무런 행동도 경험도 없이 그저 바라봄의 일만이, 우리 안의 전혀 잠들지 않는 어떤 것에 의해 수행된다. 그것은 언제나 존재한다. 그리고 이것이야말로 정확히 진정한 우리 자신(Self, Sakshi-chaitanya, 목격자-의식)이다. 셀프는 행위자도 경험자도 아니다. 그것은 항상적 목격자이다. 깬 상태, 꿈, 깊은 잠의 상태를 통틀어 지바의 모든 행위와 경험을 탄생부터 죽음까지 지켜본다.

우리는 진실로 이 목격하는 자기이다. 우리 안에 있는 행위자와 감지자로서의 지바 역시 경험의 한 대상이다. 지성[1]을 넘어서 또한 그것과 구별되어, 우리는 순전한 영靈으로 영원히 존재한다. 이것이 우리의 영혼(soul, atma, consciousness, 의식)이다. 힌두의 경전은 선포한다. "우리 모든 이들의 영혼(의식)은 모든 곳에 퍼져 있는 하나의 존재이다."라고. 그것은 존재, 지식, 축복의 무한한 바다이다. 바로 브라흐만이다. 무한자이다. 눈에 보이는 것과 보이지 않는 세상의 모든 것이 그로부터 사출되고, 그 안에서 존재하고, 프랄라야(붕괴) 때 그 안으로 사라져 없어지는 그 브라흐만이다.

그렇다. 우리 영혼은 하나요 나눠지지 않았다. 우리의 독립된 지성은 하나인 영혼의 의식으로부터 빛을 받아 따로 구별되는 의식체로 드러나 보인다.[2] 마치 하나의 태양, 다시 말해, 브라흐만으로부터 빛을 받아 빛나는 수많은 달과 같다. 우리 안에 있는 지바의 이 달은, 눈에 보이는 세계와 눈에 보이지 않는 세계에 있는 우리 주위의 모든 것을 밝게 비추어 우리로 하여금 보게 한다.

준비된 입문자는 이와 같은 심사숙고를 통해, 이윽고 때가 되면 보이는 몸이나 보이지 않는 몸과 분리되어, 스스로가 지

---

1) Cf. Gita III. 42.
2) Cf. Ka. Up. II. 2. 15.

고의 자신으로, 목격자로 초연히 자리하고 있음을 알게 된다.

세 번째 단계인 니디디아사나에서는 기아나-요기로 하여금 모든 것으로부터 완전히 철수하여 '나는 목격자이다'라는 생각에 집중할 것을 요구한다. 이 집중이 성숙되면, 갑자기 모든 것이 시야에서 사라지며 그 자신이 영원한 영과 하나인 것을 발견하게 되는 지경에 이르게 된다. 이것을 니르비칼파 사마디 nirvikalpa samadhi라 한다.

이와 같이, 이 세 단계 과정의 도움을 받아, 기아나-요기는 우주를 한겹 한겹 벗겨나가 이윽고 바로 그 중심핵에 다다르고, 지고의 깨달음으로 축복받는다.

11
박티-요가

힌두교의 저명한 성인이자 힌두의 고전 『라마야나』의 저자였던 툴시다스는 그의 젊은 시절 자신의 아내를 아주 사랑했다. 하루라도 떨어져 살 수 없을 정도였다. 언젠가 아내가 친정에 며칠 가야 할 일이 있었다. 그 며칠이 툴시에게는 참지 못할 정도로 긴 시간이었다. 집에 그냥 있을 수가 없었다. 떠난 그날 그녀를 따라가 처갓집에서 그녀를 만났다. 그 아내가 말했다. "정말 못 말리게 내게 붙어 있는군요! 나 대신 신에게로 방향을 바꾸면 당장에 신을 깨닫게 될 거요." 이 말이 툴시의 마음에 마법이 되었다. 마음을 돌려 신에 대해 열정적인 사랑을 바친다. 때가 이르러 신을 깨닫게 된다. 그런 후 다른 사람들도 그리되도록 도와주게 된다.

인도 전설에는 이런 변화의 예가 많이 나온다. 창녀에게 미친 듯이 빠져 있던 빌와망갈도 신에게로 방향을 틀자 축복을 받았다.

이런 예를 보면, 박티-요가 즉 사랑의 길이 무언인지 짐작할 수 있다. 신에 대한 사랑에 의해 신을 깨닫게 된다는 단순한 진리이다. 아무 다른 것도 필요 없다. 어떤 추상적인 사고도, 어떤 신체와 마음에 어떤 물리적 훈련도 필요치 않다. 더하여 어떤 부자연스런 요구도 없다.

우리 모두는 생래적으로 감정에 영향을 받는다. 그리고 다른 어떤 감정보다 사랑에 의해 흔들린다. 우리는 스스로를 사랑한다. 일가친척을 사랑한다. 가정을 사랑한다. 자기의 공동체, 자기 나라, 자기 종족을 사랑한다. 부와 소유, 권력을 사랑한다. 성적인 사랑에 꼼짝 못한다. 이 모든 것들에 대한 사랑이 우리 활동의 대부분을 결정하고 우리 행동을 만들어낸다. 나아가 기쁨을 주고 인생을 재미있게 한다. 이 세상 전체에 어떤 매력을 주는 것이 사랑이다. 그것이 없다면 인생은 견디기 어려워질 것이다.

의심의 여지없이, 사랑은 기본적이고 보편적인 감정이다. 그런 면에서 우리 인생의 아주 강한 요소이다. 이 기본 감정에 의해 다른 모든 감정들이 일어나는 것으로 보인다. 이를테면, 죽음에 대한 공포는 삶에 대한 사랑에서 일어난다. 미움도 자기 이익을 너무 사랑하는 데서 비롯된다. 실상 가장 비열한 행동뿐 아니라 가장 고귀한 행동도 그들의 근본은 이 지배적인 열정에 의존한다. 모든 고상한 영혼을 움직이는 동인은 타인에 대한 사심 없는 사랑이다. 우리의 가장 용감한 행위에 대한 영감 역시 이 원천으로부터 나온다. 어머니는 사랑하는 자기 아이를 구하기 위해 사자에 맞선다. 군인은 자기 나라에 대한 사랑에서 죽음을 무릅쓴다. 이와는 반대로, 다른 무엇보다 자신의 이익을 사랑한 나머지, 암살자나 독재자, 착취자 등은 그들의 더러운 일들을 해치운다. 갱단의 악한은, 가까운 사람이나 친한 사람들에 대한 사랑 때문에 무모한 행동을 하도록 부추김을 당한다. 따라서 최상의 덕행뿐 아니라 가장 암울한 반사회적 범죄도 똑같이 사랑에 의해 촉발된다. 사랑은 제단을 밝히기도 하고 집에 불을 지르기도 하는 등잔과도 같다. 이 강력한 힘을 지닌 감정을 어떻게 쓰느냐에 달려 있는 것이다.

박티-요가는 이 감정을 써서 만들 수 있는 최고의 사용 방법을 제시한다. 그 방법을 써서 인생의 목표인 해방(묵티, mukti)에 도달할 수 있다. 지상의 어떤 것을 사랑하는 것과 마찬가지로 신을 강렬하게 사랑하기만 하면 된다. 우리 모두는 어떤 사람이나 사물을 가깝게 사랑하는 방법을 알고 있다. 세상의 대상을 향하던 초점을 신에게로 돌리기만 하면 되는 것이다. 이 과정을 통해 우리 감정의 본성은 최고로 발현된다. 따라서 우리는 어색해하거나 소외감을 느낄 필요가 없는 것이다. 나아가 신에 대한 사랑이 커갈수록 다른 것들에 대한 집착은 점차 녹아 없어진다. 따라서 욕망에 대한 포기는 쉬워지고 자연스러워진다. 더하여 신에 대한 사랑은 그 처음부터 기쁨을 동반한다. 박티-요가, 다시 말해 사랑의 길이 인류 대다수에게 어필하는 이유가 이것이다. 아마도 가장 쉬운 길이고 우리 대부분의 취향과 능력에 맞는 길이다.

하지만 신에 대한 사랑이 생각만큼 쉽지는 않다. 세상 것에 대한 욕망의 흔적이 조금이라도 남아 있는 한, 신에 대한 강한 동경은 생기지 않는다. 우리의 감각을 즐겁게 하는 대상물을 사랑하는 것과 처음엔 보이지도 느껴지지도 않는 신을 사랑하는 것은 아주 다른 일이다.

박티-요가는 이런 어려움을 벗어나도록 우리를 돕는다. 단계적 과정을 제시하여 초심자로 하여금 신에 대한 강한 사랑을 점진적으로 만들어가도록 한다. 이 사랑이야말로 해방을 향해 곧게 나아가게 한다.[1]

신을 향해 한 점으로 집중된 이런 최고의 사랑을 파라 박티 para bhakti라 부른다. 많은 비쉬누 교도들은 그들의 영적 수행(사다나, sadhana)의 목표로서, 황홀한 행복감과 신의 환영(幻影)을 동반하는 이런 사랑을 갈망한다. 그런 귀의자(박타, bhaktas)는 현세에서 신을 깨닫고 완성에 이른다. 죽은 후에는 그들의 미세 몸(슉쉬마 샤리라)을 계속 가지고 있으면서 높은 세계로 가서 그들의 사랑하는 신과 함께 오래도록 산다.

이제, 신에 대한 그런 사랑은 하루아침에 이루어지지 않는다. 배양되어야 한다. 예비적인 훈련 과정을 거쳐야 한다. 이것을 일러 가우니(gauni, 이차적인) 박티라 한다. 오랜 동안의 헌신

[1] 조금만 생각해보면, 기독교나 이슬람의 경우 박티요가를 신에게 가까이 가는 유일한 길로 가르친다는 사실이 분명해질 것이다.

94

적 수행(사다나, sadhana)을 통해 가우니 박티는 점차 파라 박티로 성숙되어간다.

다른 여러 요가와 마찬가지로 박티-요가 역시 도덕적 준비과정을 거쳐야 한다. 열정을 통제하고 자기 제어와 자기 부정, 진실, 정직, 진지함, 불살생을 수행해야 한다. 타인에게 속한 것을 바라서는 안 되고, 모든 이에게 대가를 바라지 말고 선행을 해야 한다. 몸과 마음에 강건해야 하고, 지나친 흥겨움에 빠져서도 안 된다.

이런 도덕적 배경과 더불어 불굴의 정신과 결단력으로 영적 수행에 매달려야 한다. 그런 수행이 있어야만 다른 것들에서 마음을 끊고 신에게만 고정할 수 있기 때문이다. 그런 단호한 헌신으로 전진하는 사람만이 성공할 수 있다.

박티-요가에서 제시하는 영적 수행이란 한결같이 신을 생각하는 것으로 구성되어 있다. 그런 생각만이 마음을 정화하고 마음으로 하여금 힘과 기쁨을 갖게 하여 신을 향한 지고의 사랑과 해탈(묵티, mukti)을 향해 더 많이 나아가게 한다. 기타Gita에서 크리슈나 신은 다음과 같이 말한다. "전적으로 나를 믿고 그들의 모든 일을 내게 맡기는 이들, 다른 어떤 것에도 매이지 않고 나를 묵상하고 나를 경배하는 이들, 그들을 죽음의 바다와 거듭거듭 태어남에서 곧 건져올릴 것이다. 왜냐하면 그들의 마음이 전적으로 내게 의지하기 때문이다."[1]

1) Gita XII. 6-7.

마음이 늘 신만 생각한다는 것은 두말할 것 없이 아주 어려운 일이다. 하지만 하려고 하는 사람이 세상 것들에 집착하지 않는 한, 그때그때 새롭게, 또 확고한 노력을 기울인다면, 보다 쉬운 일로 만들 수 있다.[1]

처음에, 마음은 같은 홈으로 움직이는 것을 거부할 것이다. 같은 생각을 자꾸 거듭해서 반복하는 것은 지겨운 일일 수 있다. 박티-요가에는 이런 초기 난관을 해결해주는 여러 가지 방편들을 제시하고 있다. 단순히 신의 이름을 되풀이 부른다든지, 송가나 기도를 한다든지, 제물과 함께 예배한다든지, 신을 명상하고 그의 힘과 영광을 명상한다든지 하거나, 그에 관한 경전을 읽을 수도 있고, 신의 은총을 입은 축복받은 이들에 관한 경전을 읽을 수도 있다. 이런 식으로 신에 관한 생각에 다양하게 우리 마음을 참여하게 할 수 있다. 단조로움을 넘어서고 수행을 재미있게 만든다.

한편으로, 신이 스스로로부터 우주를 사출시켰다는 힌두의 사상은[2] 우리로 하여금 신을 생각하는 것을 보다 쉽게 만든다. 우리는 무엇이든 그 형태를 통해 생각하는 일에 익숙하다. 형태가 없는 빈 것을 생각하는 것은 불가능하다. 이제 우리는 전체 우주를 신 자체로 보게 된다. 창조에 속한 어떤 대상을 취하더라도 우리는 그것을 신으로 보게 된다. 그것 역시 그것을 통

1) Cf. ibid. VI. 35.
2) See Chap. XX.

해 자신을 드러내는 하나의 형상인 것이다.

우리 주위에서 볼 수 있는 여러 사물들 말고도 신의 모습을 본떠 만든 여러 신상들도 있다. 예를 들어, 나라야나, 시바, 가나파티, 수리아, 두르가, 칼리 등이다. 실상 신의 현현이라 할 이 신격들(devatas)의 경우, 어느 신격이든 신 그 자신으로 여겨져 동일한 혜택과 함께 경배될 수 있다. 더 높이 드러날수록 신으로 받아들이기가 더 쉽다.

더구나 힌두는, 인간의 영적 진화를 돕기 위해 신이 직접 인간으로 육화한다고 믿는다. 라마와 크리슈나가 인도 땅에 온 신의 두 화신(Avatara, 아바타라)들이다. 이런 화신들이 신이라 생각하고 헌신하기도 한다.

박티-요가의 일등 후원자들인 바이쉬나바스(Vaishnavas, 비쉬누신 신봉자)들은 라마찬드라나 크리슈나를 그들의 궁극의 이상이라고 여긴다. 인간의 모습을 한 신을 사랑하는 것이 우리에게는 확실히 가장 쉽다. 형태 없는 전능한 신이나 눈부신 신적 형상의 신 앞에 우리는 두려움과 경외감으로 선다. 하지만 그것은 사랑은 아니다. 사랑은 동류의식의 감각에 바탕을 둔다. 신이 인간의 모습으로 나타나면 진정으로 우리 가까이로 오는 것이며, 우리는 쉽게 그에게 다가갈 수 있다. 우리는 그러한 인간적 모습을 통해, 신을 사랑하기 위해 우리 상상력을 너무 짜낼 필요가 없어지게 된다.

프라티카^{PRATIKA}와 프라티마^{PRATIMA}

하지만 예비 박티의 단계는, 풀잎 같은 하찮은 피조물의 형태에서부터 브라흐마 같은 위대한 창조자에 이르기까지에 마음을 모으는 진지한 노력으로 구성된다. 이 각각의 모든 것들, 그의 현현인 것들이 다름 아닌 신이다. 따라서 해나 달 혹은 하늘을 신 자신으로 숭배할 수 있다. 신을 바다에, 강에, 산에 나무에 내재하는 것으로 생각할 수도 있다. 돌덩이 하나 쇳조각 하나조차도 신의 상징으로 여기고 헌신적인 경배를 드릴 수도 있다. 샬라그라마-실라(네팔 간다키강에서 발견되는 암몬 조개의 화석인 검은 돌맹이, 힌두 신자는 비쉬누 신의 상징으로 여김-역자) 혹은 시바링감, 혹은 또 다른 힌두의 상징물들을 통해 힌두는 똑같은 신을 경배한다. 이제, 태양, 하늘, 샬라그라마-실라 등, 무한과 영원의 브라흐만의 아주 작은 조각으로서의 이 현현들이 우리의 마음을 신에게 모으는 것을 돕는다. 마음은 영원을 안을 수 없다. 유한한 것과 구체적인 것에 끝없이 머물러 반추할 수밖에 없다. 우리가 유한하고 구체적인 현현을 통해 신을 생각하는 것이 쉬운 이유이다. 이것을 일러 프라키아[1](prakias, 상징)라 부른다. 신을 표상한다. 이런 형상들을 통해 신을 경배하는 것을 일러 프라티카 우파사나^{pratika upasana}라 이른다.

나아가 신의 신적 형상은 이미지(프라티마, pratima)나 그림

---

1) 예배에 흔히 쓰는 상징으로는, 샬라그라마, 시바링감, 갠지스강, 보석, 성스런 도형, 귀한 책, 항아리, 물이나 꽃이 있다. Matri. T. Chap. 12.

(파타, pata)을 통해 표상된다. 이런 이미지들은 통상 흙, 돌, 금속 혹은 나무로 만들어진다.[1] 프라티마를 통해 힌두 신자는 신을 경배한다. 돌이나 금속 조각을 경배하는 것이 아니다. 돌아간 영웅의 초상화나 조각상에 화환을 바치면 우리는 누구를 경배하는 것인가? 우리가 찬양하는 것은 종잇장이나 돌덩이가 아닌 것은 확실하지 않은가? 그것들은 우리가 진정으로 존경을 올리는 그 영웅들을 떠올리게 한다. 이와 마찬가지로 그 상징이나 이미지들은 힌두가 존숭하는 신을 떠올리게 한다. 실상 예배가 끝나면 흙으로 된 이미지들은 종종 물에 담가 흩어지게 한다. 힌두는 프라티마를 그것이 표상하는 것, 다시 말해 신으로 여기지, 그것 자체의 것으로 여기지 않는다.

하지만 어떤 구체적인 것으로서의 상징물이나 이미지는 우리 마음을 감각적 대상으로부터 멀어지게 하여 그것을 통해 신을 향하게 하는 것을 도와준다. 영적 훈련의 보조 역할을 한다. 일종의 유치원 학습과도 같은 것이다. 이를 통해 진지한 지망자는 신을 보고 신을 만지며 신과 얘기하는 단계에 도달한다. 이미지와 사원과 제의와 경전은 그들의 목적에 봉사하고 배경으로 사라져간다. 형상과 의식들은 신의 지고의 사랑(para bhakti, 파라 박티)에 이르도록 우리를 돕는 일에 그 가치를 둔다.

가우니 박티(Gauni, 예비, bakti)의 의식이 의미하는 것이 마음을 정화하고 신에 대한 순수하고 강렬한 사랑을 계발하는 일임

1) Cf. Mats. Pr. Chap. CCLVIII. 20-21.

을 기억해야 한다. 욕망의 길의 추종자들이 행하는, 신의 이름을 반복하는 것, 송가, 기도, 경배 들과 똑같은 의식儀式과 혼동해서는 안 된다. 후자의 사람들은 이 모든 것들을 그들의 악한 행위에 대한 처벌의 두려움에서 혹은 강렬한 감각적 쾌락을 바라는 마음에서 행한다. 그들의 경배의 대가로 감각 세계에서의 무엇인가를 원하는 것이다. 그들이 열망하는 것들을 갖기 위해 필요한 행위들일 뿐인 것이다. 지고의 사랑이나 해탈에는 결코 이르지 못한다. 감각적 쾌락의 공허함을 알게 되어 욕망 포기의 길을 따르기 원하는 사람만이 마지막 영적 수련의 과정으로서의 여러 요가를 시작하기에 적합하다. 따라서 박티-요가를 수행하는 이는 그 처음부터 이러저러한 세상적인 것들을 위해 신에게 기도해서는 안 된다. 신에 대한 사심 없는 사랑만을 열심히 계발해야 한다.

영성을 전해줄 수 있는 해탈한 현자의 지도 아래 있어야만 한다. 구루는 그에게 가장 적합한 신의 형태, 즉 그의 이쉬타(Ishta, chosen Ideal)를 선택해준다. 각각의 신적 형태에는 상징음(mantra, 만트라)이 있다. 구루는 적합한 만트라를 그에게 내려 매일 헌신적으로 반복하게 한다. 또한 그의 이쉬타를 예배하는 법을 가르친다. 박티-요가의 예비 과정을 그의 구루로부터 전부 배운 뒤, 매일 헌신적으로 수행한다.

그렇게 선택된 궁극적 신에 대한 헌신, 다시 말해, 이쉬타-니쉬타는 필수불가결하다. 이쉬타로서의 동일한 신에게 자신

을 붙여 매지 않으면 안 된다. 스리 라마찬드라에의 위대한 헌
신자인 하누만지는 이렇게 말한다: "락쉬미 주님과 자나키 주
님이 지고의 영임을 압니다. 내 모든 것은 로투스 눈을 한 라마
찬드라 안에 있습니다." 이것이 이쉬타-니쉬타이다. 자신에게
선택된 궁극에 대한 이런 단호한 헌신 없이는 지망자는 어떤
진전도 이룰 수 없다.

요약하여, 단호한 헌신으로 선택된 궁극적 신을 경배하는 것
이야말로 초심자의 주요 과정이다. 보다 나은 효과를 위해서
다른 수행 또한 보충되는 것이 요구된다. 예를 들어, 헌신자는
신의 이름을 노래하든가, 박티 경전을 듣거나 읽으며, 선택된
궁극적 신과 연관된 성스런 장소를 찾든지 그런 곳에서 살며,
영적으로 향상된 영혼들과의 동반을 늘 찾아야 한다. 무엇보다
신에게 전적으로 자신을 포기하는 일에 진지하게 노력해야 한
다. 신에 대한 사랑을 성숙시키기 위한 기본 과정에서의 보조
적인 것들로 이런 것들이 추천된다.[1]

이런 예비 박티 수행들을 통해 마음은 보다 순수해지고 신에
대한 사랑이 일어나기 시작한다. 이제 신에 대한 사랑은 우리
에게 낯익은 여하한의 통로를 통해 흐르게 할 경우, 더욱 쉬운
것이 된다. 부모를 향한 자녀들의 사랑, 주인을 향한 신실한 하
인의 사랑, 진실한 친구의 사랑, 아이들에 대한 어머니의 사랑,
남편을 향한 충실한 아내의 사랑 등은 우리들에게 낯익다. 한

1) Cf. Ch. Chmta. II. 22.

사람이 다른 사람에게 품고 있으면서 표현하는 여러 다른 형
태의 사랑이다. 이 단계에 있는 사람에게 선택된 궁극적 신(이
쉬타)과 연관되어 어떤 태도(bhava, 바바)를 취해야 할 것인가를
가르치는 이유가 이것이다. 그의 궁극에 대해 그의 부모, 주인,
친구, 자녀, 연인 등으로 보고 그에 따라 행동하고 사랑을 발전
시켜 나가게 하는 것이다.

탄트리카 헌신자들은 그들의 선택된 궁극을 그들의 어머니
로 본다.[1] 바이쉬나바 교단은 다섯 가지의 서로 다른 태도를 제
시한다. 샨타, 다시아, 사키아, 바트살리아, 마두라가 그것이다.
이들 중, 첫 번째 것은 선택된 궁극적 신과의 어떤 사적 관계도
드러내지 않는다. 어떤 다른 욕망도 없이, 신의 근본적 본성에
대한 지식에 의해 이루어진 전적인 헌신으로, 샨타 바바로 불
리는 고요한 상태를 만들어낸다. 사나카를 위시한 일곱 현인들
이 이런 헌신자들의 예에 해당한다. 다시아 신봉자들은 자신들
을 무한한 영광을 지닌 신의 특별한 종으로 생각하고 그렇게
행동한다. 마하비라는 이 그룹의 빛나는 모델이다. 사키아, 바
트살리아, 마두라는 각기 동지, 부모, 여자 연인의 태도를 지닌
다. 스리 다마, 브린다반의 여러 목동, 비마와 하스티나푸르의
아르주나와 등이 사키아 풍의 대표적 예이다. 야소다와 브린다
반의 젖 짜는 여인들 등이 바트살리아와 마두라 풍을 각기 대

---

1) 기독교인들이 신을 자신들의 하늘 아버지라고 여기는 것을 주목하면 흥미롭다.

표한다.[1]

바이쉬나바 교단의 서로 다른 다섯 태도는 그 종류뿐 아니라 그 느낌의 강도에서 다르다. 실상 나열된 순서에 따라 사랑의 강도는 더 커진다.[2] 샨타 바바는 그 궁극의 신에 대한 냉정한 귀속을 뜻한다. 다시아의 경우, 한 걸음 나아가, 신실한 종의 두려움과 경외가 섞인 사적 사랑과 헌신을 나타낸다. 샨타 신봉자는 신의 근원적 본성에 대한 숙고를 통한 경외심으로 가득하고 다시아 신봉자들은 신의 무한한 영광을 개인적 관계 속에서 숙고한다. 양자 모두 신으로부터 존경의 거리감을 유지한다. 이어지는 세 가지 태도는 헌신자들을 보다 친밀한 범위 안으로 좁혀 들어오게 하여 선택된 궁극적 신과 가깝게 만든다. 힘과 영광의 신이라는 의식은 배경으로 물러나고 신은 강하게 사적인 존재가 된다. 사키아에서는 두 동지 사이처럼 실제로 평등의 감각이 생겨난다. 아주 많이 진행된 사랑의 상태다. 바트살리아의 경우, 신을 자신의 자녀로 여긴다. 크리슈나 신에 대한 광적인 사랑으로 야소다는 자신이 그에게 먹을 것을 먹이지 않으면 신이 허기질 것이라고 믿는다. 그를 영원한 존재나 전능한 존재로 생각지 않는 것이다. 실상 바트살리아의 사랑에서는 광적인 상태에까지 이른다. 하지만 마두라 바바에서 그 절정에 이른다. 사랑하는 자와 사랑받는 자가 극심한 사랑의 강도에

1) Cf. Ch. Chmta. II. 19.
2) Ibid.

의해 하나가 된다. 크리슈나에 대한 라다의 사랑이 그 전형이다. 미라바이는 힌두 역사에 그런 사랑의 빼어난 기록을 남겼다.

이런 식으로 커져간 신에 대한 사랑이 파라 박티[para bakti]로 성숙하면 축복의 절정에 이른다. 진정으로 그때에 이르러 아름다움과 즐거움과 사랑의 그 가장 핵심인 신을 얻게 된다. '라소 바이 사흐(Raso vai sah)'[1] - 신은 행복의 정수이다. 힌두는 신을, 하늘 저편에 위풍당당하게 앉아 덕 있는 자와 죄인에게 상주고 벌주는 이라고 생각지 않는다. 힌두가 생각하는 인격신은 이와 아주 다르다. 가장 가까운 이보다 더 가까이 있고, 가장 친한 이보다 더 친한 이다. 자식에 대한 어머니의 넘치는 사랑은 헌신자에 대한 신의 사랑에 비길 것이 못 된다. 지상에 있는 모든 매력적인 얼굴의 드러난 아름다움은 신적 아름다움의 희미한 반사에 불과할 뿐이다. '타시아 바사 사르바미담 비바티(Tasya bhasa sarvamidam vibhati)'[2]-그가 빛남으로 인해 모든 다른 것들이 빛난다. 그가 있음으로 인해 두려움과 경외가 아니라 황홀한 기쁨이 넘친다. 그 행복이 너무 강렬해서 헌신자들은 해탈의 길로 가는 대신에 영원히 그 행복을 즐기기를 원한다. 인격신의 무한한 아름다움과 무한한 기쁨을 즐기기를 열망하여 비인격적인 신(브라흐만)에 자신을 잃어버리기를 바라지 않는

---

1) Tait. Up. II. 7.
2) Ka. Up. II. 2. 15.

다. 그들이 말하듯, 설탕이 되기를 원하지 않고 설탕을 맛보며 즐기기를 원한다.

그런 상태에서, 헌신자는 자신의 마음 깊은 곳뿐 아니라 자신의 주변 모두에서도 그의 선택된 이상(이쉬타)을 본다. 그에게 모든 세상은 사랑과 경배의 대상이 된다. 호랑이와 뱀에게서도 그의 사랑하는 신을 보게 된다. 그런 축복된 영혼은 사랑과 순결과 기쁨을 그가 가는 어느 곳에서도 발산하고, 만나는 사람 모두에게 영적 성장을 고무하게 된다.

12
박티-요가 • 2

탄트리카 사다나[Tantrika Sadhana]

탄트리카 사다나라고 알려진 독특한 영적 수련 과정도 바이쉬나비즘과 박티-요가의 견지에서 이해할 수 있다.

이 과정 역시, 포괄적이며 영적인 열성의 전체 기초를 다루고 있다. 기아나, 라자, 박티, 카르마-요가의 빼어난 결합이며 모든 영적 성장 단계에 있는 사람에게 두루 적합하다. 인간 영혼과 절대자(파람아트만, Paramatman)가 근원적으로 하나라는 입장에 기반하여 신자들을 구체적인 형태와 제의를 통해 차근차근 궁극적 진리와 해탈로 이끌어간다.

각기 다른 그룹의 신자들을 위해 각기 다른 영적 훈련이 제시된다. 이를테면 가장 낮은 단계에 있는 사람들을 위해 준비되는 과정이 있다. 이런 사람들은 선천적으로 둔하고 무지하고 게으른 타마시카들로 거의 야만적인 수준에 있다. 이 그룹 사람들의 교화를 위해 제시되는 과정을 일러 파쉬와차라[pashwachara]라 한다. 이들보다 약간 높은 단계로 중간쯤에 있는 기운차고

야망이 있는 사람들인 라자시카를 위한 과정도 있다. 비라차라 virachara로 알려진 과정이다.

이 두 그룹의 사람들은 아주 많은 경우에 감각적 쾌락을 얻고 만족하기 위한 힘을 얻기 위해 탄트리카 사다나에 입문한다. 따라서 이들에게 탄트리카 사다나는 프라브리티 마르가(욕망의 길)를 위해서만 사용된다. 실상 베다 시대 때의 프라브리티 마르가의 데바-야기아는 오늘날에는 거의 탄트리카 경배로 대체되어 있다. 라자-요가와 마찬가지로 탄트리카 사다나 역시 그 수행자에게 여러 기이한 능력(siddhis, 시디)들을 제공한다. 하지만 이런 마법과 감각적 쾌락을 구하는 것으로서의 탄트리카 사다나는 순수하고 강렬하며 비이기적인 사랑을 통해 신성에 나아가고자 하는 박티-요가에는 포함되지 않는다.

그러나 영적 사다리의 가장 높은 디딤대에 근접한 사람들의 그룹도 있다. 욕망 포기의 사람들이 그들이다. 근본적으로 사트비카sattwika인 그들은 고요함과 순결함, 마음의 평온과 선명한 통찰력을 지니고 있다. 그들에게는 쾌락의 공허함은 명백하며, 신을 깨닫고 완전해지고자 하는 열망이 있다. 이런 탄트라 그룹을 위해 디비아차라(divyachara, 신성한 자들을 위한 행동규약)라고 하는 과정이 제시되어 있다. 물질적인 것을 구하지 말고 사랑을 통해 신을 깨닫게 하는 수행을 해야만 한다는 과정이다. 따라서 이런 탄트리카 사다나는 박티-요가에 포함된다.

예순넷의 중요한 탄트라 문헌들이 있다. 서로 다른 세 그룹의 신봉자들을 위한 수백 가지의 제의와 의식이 제시되어 있다. 하지만 공통으로 관통하는 흐름이 있다.

탄트라는 신의 샥티(신적 에너지)를 경배한다. 통상 샥티는 두르가, 찬디, 칼리, 부바네스바리, 자가드다트리 등과 같은 여신의 모습으로 표상된다. 샥티 경배자를 샥타라 한다. 비쉬누 경배자를 바이쉬나바라 하는 것과 마찬가지다. 샥타들은 그들이 선택한 여신들을 신적 어머니라 부른다.

여하한의 신적 형태로 표현된 신적 어머니는 정작 이 우주의 창조자요 유지자요 파괴자이다. 그녀에게는 시작도 끝도 없다. 공간도 그녀를 제약할 수 없다. 무한하고 모든 것에 펼쳐져 있다. 그녀는 모든 것을 다 아우르는 의식意識이다. 그래서 차이타니아마이Chaitanyamayi라 불린다. 창조는 그녀의 놀이다. 붕괴(Pralaya, 프랄라야) 또한 그렇다. 그래서 그녀를 릴라마이(Lilamayi, 놀이의 신)라 부르기도 한다. 세 종류의 신적 에너지들인 사트비카, 라자시카, 타마시카의 단계를 지니고 있어서 트리구나마이Trigunamayi라 불리기도 한다. 타마시카의 단계를 통해 지각이 없는 물질계로 나타난다. 라자시카를 통해서 물질계뿐 아니라, 물질계와 모든 생명체의 물리적 신체에 온갖 종류의 변화를 가져오는 생기(vital energy, Prana)로 나타난다. 이런 한편으로 사트비카를 통해, 각 생명체의 경험과 행동의 주체로서의 여러 다른 기능과 입장을 드러내는, 마음으로 자신을 드러낸다. 우리가 우주라, 세상이라, 부르는 그 모든 변화무쌍한 이름과 모양으로 그 자신을 표현한다. 실상 그녀야말로, 영원하고 변함없는 존재인 니라카라 니르구나 브라흐만^{Nirakara Nirguna Brahman}이 세상을 위해 내놓은 생성의 힘인 것이다.

실상 이것이 인격신에 대한 힌두의 개념이다. 물론 이 신은 특정한 성별을 가지지 않는다. 하지만 다가오는 신봉자에 맞추기 위해 남성이나 여성의 모양을 할 수는 있다. 바이쉬나바, 사우라, 가나파티야 교파들은 남성 쪽을, 샥타 교파는 여성 쪽을 선호한다. 신의 모성성이야말로 신과 그 신봉자 사이의 아주 사랑스럽고 포근한 관계가 확실해지도록 한다. 마치 어린 아이와 같이 신봉자는 신적 어머니의 애정 어린 사랑과 보살핌에 자연스럽게 빠져들게 된다.

또한 탄트리카 의식의 또 다른 특징으로는, 개인의 영혼(jivatman, 지바트만)과 절대자(Paramatman, 파람아트만)가 같은 것임을 상기시키며 신적 에너지인 샥티가 온갖 모양과 온갖 이름과 온갖 변화를 통해 그 자신을 드러내려는 지고의 존재로부터 발산되는 것임을 상기시킨다는 것을 들 수 있다. 신적 어머니를 예배하는 과정을 진행하기 전에, 예배자는 자신의 영혼이 절대자^{파람아트만}에게 흡수되고 창조된 모든 것들이 다 함께 소멸해가는 것을 마음으로 떠올리도록 요청받는다. 그런 후, 모양 없는 존재로부터 예배자로서의 그 자신과 예배를 받으려는 여신이 함께 새롭게 솟아오르는 것을 마음으로 떠올리게 된다. 스스로의 신적 영혼과 흙으로 만든 여신상의 상징적 접촉을 통해 그 흙으로 된 신상神像에 생명을 불어넣어야 한다. 이런 과정 이후에 경배의 방법으로 봉헌물을 바침으로써 그 신상은 그 여신의 살아 있는 화신으로 여겨지는 것이다.[1]

이런 과정들은, 위대한 베단타적 진리를, 다시 말해 우리 영혼이 신성임을, 구체적인 형상을 통해 점진적으로 파악할 수 있도록, 탄트라가 도와주는 것을 명확히 보여준다. 그것을 통해, 해탈(mukti, 묵티)이 이루어지는 궁극적 진리를 파악하기 위한 일종의 실험실적 작업, 혹은 유치원 학습이라 말할 수 있을 것이다. 기아나 요기들이 순전히 판별력과 추상적 숙고를 통해 도달하려는 것을 탄트라 예배자들은 의식의 과정을 통해 이르고자 한다.

탄트라에 공통되는 또 다른 요소를 들라면, 어떤 단어-상징 (word-symbol, 흐림hrim, 크림krim 등)들을 반복하라고 강조하는 것이다. 각각의 것들은 어떤 특정한 형태를 통해 드러나는 신의 특정한 측면을 의미한다. 여러 행태를 통해 그려내고자 하는 것은 우주의 창조자, 유지자, 파괴자로서의 신이다. 하지만 서로 다른 여러 형태를 통해 신은 여러 다른 유별난 특성 그룹을 지닌 다른 성격으로 나타난다. 따라서, 칼리, 타라, 쇼다쉬, 찬디, 두르가, 자가다트리 등은 각각 특정한 형태와 특정한 속성들을 지니며 각각에 따라 특정한 이름과 단어 상징들이 있다. 이런 단어-상징万트라을 반복함으로써 마음이 정화되고 그 사람

1) See Chap. XX.

이 선택한 궁극의 이상(이쉬타, Ishta)에 더 가까이 다가가는 것
이다. 이 반복은 보통 어떤 형태-상징^{form-symbol}에 대한 명상과
더불어 하게 되는데 그것이 더 효과적이기 때문이다.

다음으로 탄트리카 의식의 또 다른 공통 특징이 하나 있는
데, 이것으로 인해 기아나-요가와 완연히 구별된다. 기아나-
요가의 경우, 그 추종자들에게 유혹을 피하라고 가르치지만 탄
트라는 유혹에 담대히 맞서고 극복하라고 가르친다. 이 과정을
통해 감각적 유혹을 신에 대한 순결한 사랑으로 승화시키도록
요구받는다. 예를 들어, 술과 여자와의 접촉은 탄트리카 의식
의 한 특징이다. 하지만 그럴 때라도 술은 취하기 위한 것이 아
니고 여자는 쾌락을 위한 것이 아니다. 신봉자는 이런 유혹들
의 거센 인력^{引力}에 저항하고 그가 선택한 궁극의 이상에 마음
을 집중하는 것이다. 의심할 바 없이, 위험을 무릅쓰는 과감한
방법이다. 하지만 만약 성공하게 되면 그야말로 단 한 번에 육
신을 정복하게 된다.

탄트리카가 오명을 입게 된 것도 이 특징에 기인한다. 하지
만 탄트리카적 접근법이 비난을 받아야 할 이유는 없다. 힌두
는 신을 깨달을 때 해탈이라는 목표에 도달한다고 믿는다. 그
리고 이 깨달음은 그 사람의 마음이 신에게 완전히 집중되었
을 때에만 얻게 된다고 믿는다. 이것이 모든 요가가 서 있는 바
탕이다. 탄트라가 그들 고유의 유별난 기법을 제안하는 이유도
바로 이 목표를 위한 것이다.

이 기법에서는, 우리 마음을 자연스럽게 여러 다른 방향으로부터 끌어 모아 단 하나의 것에 집중시키는 보편적이고 압도적인 감정들을 이용한다. 강한 성적 매력 혹은 임박한 죽음에의 공포와 같은 것이 그것들이다. 신봉자들을 이런 압도적인 감정에 노출시키면 그들의 생각이 한 점에 모인다. 끓어오른 감정에 의해 감각 대상들에 마음이 집중된다. 그때, 더이상 그 방향으로 나가게 하는 대신, 이미 집중된 마음을 신에게로 향하게 하는 것이다. 이 과정을 통해 과업 달성은 쉬워진다. 세밀한 조정이 아니라 개략적인 조정으로서의, 아주 멀리 떨어진 우주의 목표물을 향하는 천문 망원경의 초점 맞추기와 비슷하다.

탄트리카 의식에서, 술과 여자와의 접촉을 통해 성적 충동이 발현된 후 신에의 명상을 요구하는 이유가 여기에 있다. 또한 가장 무서운 환경 가운데 그 신봉자를 앉혀두고 그 마음을 신에게 집중할 것을 요구하는 이유 역시 여기에 있다. 이를테면, 아주 어두운 밤에 뚝 떨어져 고립된 화장장에서 시체 위에 앉아 있게 하기도 한다.

탄트라의 이런 방법들은 의심의 여지없이 목표를 향한 신속한 전진을 이룬다. 하지만 약한 사람들에게는 아주 위험하다. 특별히, 출가한 사람이 이 방식을 택한 경우라면 아주 조심해야 한다. 육신의 연약함으로 인해 이 담대한 의식의 요구를 수행하는 중에 열정에 항복할 수도 있기 때문이다. 만약 그런 경우, 신을 깨닫기 원하는 그의 모든 노력은 육체적이든 마음으로든 붕괴되어 종말을 고하게 될 것이다.

탄트리카 예배를 통해 많은 사람들이 축복을 받아왔다. 라마 프라사다와 바마 크쉐파는 벵골 지방에서 익숙한 이름이다. 우리 시대의 현자 라마크리슈나는, 그 경전에 제시된 의식을 통해 그 자신이 이룬 깨달음으로 인해, 이 힌두 경전의 진리를 증명해보였다.

니라카라 우파사나 Nirakara Upasana

힌두이즘은 어떠한 모양도 없는 인격신(Saguna Nirakara Brahman, 사구나 나라카라 브라흐만)에의 경배 역시 말하고 있다. 지식인들 중에는 모양 있는 신에는 흥미를 갖지 못하는 이들도 많다.

하지만 영적 수행으로부터 형상들을 없애버리기 전에 조심해야 할 것이 있다. 형상 없음이 겉으로 나타나는 것처럼 그리 쉽지 않기 때문이다. 지적으로 거인인 사람도 영적인 교실에서는 아기에 지나지 않을 수 있다. 유치원 수준의 연습과 수행이 필요할 수도 있는 것이다.

나아가 영적인 것들에 대한 지성의 결론이 안전을 보장해주지도 못한다. 우리의 지성은 무한한 신은 유한한 모양을 가질 수 없다고 주장한다. 힌두교 역시 파라브라흐만은 형태가 없음(니라카라, Nirakara)을 받아들인다. 더 나아가 속성이나 특성 역시 없다고 주장한다. 선과 악, 친절과 잔인, 딱딱함과 부드러

113

움, 이 모든 모순적인 것들이 저 하나의 나눠지지 않은 존재에서 나온 것이 아니란 말인가? 절대의 브라흐만이 어떻게 어떤 특성들을 제외하는 혹종의 특성들로 제한될 수 있는가? 하지만 힌두이즘은, 형태와 특성이 없는 이 브라흐만이 창조의 원재료, 원천일 뿐이라고 가르친다.[1] 어쨌든 이 영원히 변하지 않는 브라흐만은 우주의 지배자, 인격신일 뿐 아니라 우주 자체가 된다, 혹은 다른 표현으로, 차라리, 그렇게 나타난다appear. 이것이 그의 마야Maya다.

이제, 그 뜻을 헤아릴 수 없는 마야를 통해 우주의 모든 형상과 이름으로 자신을 표현하는 니르구나 브라흐만은 어떠한 신상의 차림으로도 아주 쉽게 나타날 수 있다. 누가 있어, 그의 이런 능력을 제한할 것인가? 우리의 지성이란 이 문제에 대한 판단을 내리기에는 너무도 빈약한 것일 뿐이다.

다시 나아가, 우리는 어떻게 하여, 무한한 신을 우리의 기도를 듣고 정의를 나누어주고 자비를 보여주는 우리의 하늘에 계신 아버지로 생각하는가? 절대를 그렇게 축소하는 것을 우리의 지성은 어떻게 용인하는가? 절대는 형태에 의해서도 특성에 의해서도 제한될 수 없다. 절대는 우리의 사고나 언어의 범위를 넘어서는 초월자이다.[1] 아무도 그런 브라흐만을 경배할 수 없다. 하지만 우리의 마음이 신을 향할 때면, 우리는 어떤 여러 특성들의 모음으로 그를 생각하게 되고, 가장 큰 자비라

1) Cf. Br. S. I. 1. 2.

114

든가 혹은 다른 여러 말들로 그를 부른다. 우리가 영적 수행의 편의를 위해 이렇게 할 수 있다면, 똑같은 근거에서 여하한의 제시된 신상을 통해 신을 명상하는 것도 해될 것이 없을 것이다. 오히려 이렇게 함으로써 신을 향한 마음을 더 확고히 할 수 있을 것이다.

실상 우리 마음은 추상을 쉽게 붙잡을 수 없도록 만들어져 있다. 마음은 어떤 구체적인 것을 요구한다. 신의 형상들에 반대하는 이들 역시, 그들의 영적 수행에서 모든 형상들을 모조리 없앨 수가 없는 이유가 바로 이것이다. 하늘에 계신 아버지라는 개념 자체, 신을 '그' 혹은 '그녀'라는 대명사로 부르는 것 자체, 하늘에 있는 그 신이나 여신의 거처라는 것 자체, 이것들과 함께 우리의 예배 장소를 이루는 모든 독특한 구조물들, 의식의 세부 사항들 모두가 구체적인 형상에 전적으로 의존하고 있다.

이 모든 사항들을 상징^{프라티카}이나 이미지^{프라티마}를 통한 신에의 경배를 폐기해버리기 전에 고려해보고 꼼꼼히 따져보아야 한다. 얄팍한 지적 속물의 경우, 한갓 그것들은 물질에 불과할 뿐이라고 궤변을 늘어놓기도 할 것이다. 우리는 이것에 주의해야 한다. 영적 수행 중에 상징이나 이미지가 주는 도움의 필요가 더이상 필요 없어진 사람만이 사구나 니라카라 우파사나 Saguna nirakara upasana 쪽으로 들어갈 수 있다.

1) Cf. Tait. Up. II. 9. 1.

그런 헌신자의 경우, 모든 곳에 편만해 있는 신의 존재를 명상하도록 지도받는다. 그런 명상이 용이해지게 하는 혹종의 상념들이 우리 경전에 제시되어 있다. 스스로를 사방이 바닷물로 싸여 있는 대양 중의 물고기로, 그 바닷물을 신으로 바꿔 생각하게 한다. 또 빈 주전자가 공기와 에테르로 가득 차 있고 바깥으로도 그것으로 가득 잠겨 있음을, 그 공기와 에테르가 신임을 생각하게 한다. 이런 헌신자들에게 맞는 송가와 기도, 경배 방식 등이 경전에 나와 있다. 이 방식에 정말 맞는 사람들은 신에의 진지한 사랑과 함께 그들의 영적 수행을 지속한다. 그들 역시 다른 여러 박티-요기들과 마찬가지로 목적지에 도달할 수 있다는 확신을 가지고 있다.

힌두의 영적 역사는 여러 박티-요가 교파가 배출한 헤아릴 수 없이 많은 현자들의 사례로 가득하다.

13
카르마-요가

판다바전쟁이 벌어지기 전날 밤, 크리슈나 성자께서 쿠룩쉐트라 전장에 마차를 세우고, 판다바족의 영웅 아르주나로 하여금 상대편 군대를 바라보게 하였다. 아르주나는 마차에 앉아 이편 저편을 둘러보았다. 양편 모두가 자신의 친족과 친지들이었다. 바야흐로 참혹한 전쟁이 벌어지기 직전이었다.

아르주나는 이 광경에 충격을 받았다. 그가 사랑하고 가깝게 지냈던 사람들과 또 그가 존경하던 스승들이 적의 편에 서 있었고 그들의 목숨을 빼앗아야 했기 때문이었다. 이런 극악한 일에 어떻게 발을 들여놓게 되었을까? 탐욕과 질투에 눈이 먼 상대는 바야흐로 전쟁을 시작하려 하고 있었다. 하지만 아르주나로서는 이런 비인간적인 일에 결코 연관되고 싶지 않았다. 잃었던 자신의 영토를 회복한다든지, 승리자가 된다든지, 나아가 하늘을 지배하는 자가 된다 하더라도 그는 결코 이 전쟁에 말려들고 싶지 않았다. 하늘과 땅의 그 무엇을 얻는다 해도 이런 비열한 행위에 손을 담그고 싶지 않았다. 스스로의 친족을

향한 전쟁에 그의 존재 전체가 반기를 들고 있었다. 이런 모습
에 너무도 당황한 아르주나는 싸우기를 단념하고 그의 성스런
마부에게 마차를 돌릴 것을 명했다.

성자 크리슈나는 아르주나의 이 명령에 불복했다. 오히려 약
한 마음을 먹지 않도록 아르주나에게 용기를 부추겼다. 아르주
나가 잘못된 생각을 하고 있다고 지적한다. 아르주나는 영적
인 일과 단순한 감상주의를 혼동하고 있다고 말한다. 교양 있
는 아리아인으로서 아르주나는 반드시 알아야 할 것이 더 있다
고 말한다. 그답지 못한 일을 하고 있다. 그리하여 위대한 영웅
아르주나의 이름을 더럽히며 하늘로 들어가는 것도 막고 있다.
전쟁은 크샤트리아인 그에게 의로운 것이며, 싸움이야말로 그
의 분명한 의무였다. 그의 종교가 요구한 것이다. 경전이 명하
고 있는 크샤트리아의 직분을 따라야 했다. 전장을 떠나서 사
제 계급처럼 숲으로 들어가는 것은 그가 할 일이 아니었다.

여기에 이르러 아르주나의 갈등은 더 심해졌다. 친족과 벌이
는 전쟁이란 너무도 분명하게 잔혹하고 비도덕적인 일이기에
그로서는 도저히 타협할 수가 없었다. 성자 크리슈나에게 아르
주나는 단도직입적으로 말한다. 지금 이 시간과 앞으로의 장래
에 그가 얻고자 하는 것은 아무것도 없다고. 명성은 말할 것도
없고 천상에 이르는 것조차도 그에게는 아무런 매력이 없다고.
크샤트리아 진리(전사 계급의 의무와 덕목)에 충성하면 그런 명
성과 천상이 보장되겠지만 자신은 그런 무가치한 것들에는 아

무런 욕심이 없다고 말한다. 그는 의와 덕에 있어서의 완전함
(perfection, shreyas) 외에는 관심이 없다고 말한다. 사랑하는 친
족과 존경하는 스승들을 도륙하는 것이 인생의 순결한 영적 목
표에 부합하는 일일까? 그런 흉측한 행위와 영적 진보 사이에
는 아무런 모순이 없다는 말일까? 아르주나의 고민은 정확히
이런 것이었다. 이 문제가 풀리지 않는 한 그로서는 도무지 전
쟁에 나설 마음이 들지 않는 것이었다. 그러므로 그는 자신의
성자 친구이자 마부인 크리슈나 성인에게 자신으로 하여금 이
질곡에서 벗어날 수 있도록 도움을 탄원했다.

인도 종교의 가장 유명한 경전인 바가바드기타는 바로 이런
장면으로 시작된다. 이렇게 시작된 경전은, 베다의 리쉬rishi들이
발견한 위대한 영적 진리들을 통해 아르주나의 고뇌를 해결해
주는 크리슈나 성인과의 대화로 전개되어간다.

이 대화를 통해, 재가자라 하더라도 영적 수행의 마지막 단
계Nirvritti Marga에 이를 수 있으며, 가정사를 포기하지 않더라도 이
경지를 이룰 수 있다는 사실이 분명히 드러난다. 세속의 한가
운데 살면서, 그에게 부과된 모든 의무를 다 행하면서, 완성과
축복shreyas의 목표를 향해 곧바로 나아갈 수 있다. 아무리 하기
싫은 불쾌한 의무라 하더라도 영적 진전에 방해가 될 수 없다.
중요한 것은, 해야 하는 그 일의 성격 자체가 아니라 그 일을
대하는 태도인 것이다. 사람의 마음을 완전히 정화하고 최고의
영적 성취를 이루면서 세속 가운데 일하는 방법과, 세속 가운

데 살아가는 방법이 하나 있다.

카르마-요가라고 알려진 방법이 그것이다. 카르마-요가는 기타에 기록되어 있는 크리슈나 성인의 빼어난 가르침의 중심 주제이기도 하다. 크리슈나 성인이 지적하듯이 이 요가야말로 고대의 성자들에게 오래토록 알려져왔던 것이었다. 긴 세월이 흐르면서 사람들은 이 요가의 가치를 망각하게 되었다. 극히 자연스런 일이다. 사람들은 세속과 영성 사이에 놓인 간극을 이어주는 위대한 진리를 쉽게 잊어버린다. 하지만 긴 시간이 흐른 후, 크리슈나 성인은 이 카르마-요가를 자유를 얻는 하나의 확실한 길로 회복시킨다.

목표에 이르게 하는 여러 접근법을 나열하고, 그중에서도 중요한 기아나-요가와 박티-요가에 대해 설명하면서, 크리슈나 성인은 카르마-요가를 특별히 강조한다. 그 의미를 자세히 설명하고 그것의 근본적 이유를 밝힌다. 이 카르마-요가야말로 아르주나의 고뇌를 해소할 수 있기 때문이었다. 자신의 친족과의 전쟁이라는 그토록 피하고 싶고 혐오스런 의무조차도, 카르마-요가의 강력하고 효과적인 영적 수행이 될 수 있다는 것이다.

실상 카르마-요가는 세속의 일조차도 예배로 변화시키는 장치라 할 수 있다.[1] 카르마(일, 업)의 성질을 바꾸는 하나의 과정인 것이다. 하나의 업에는 그것에 마땅한 결과로서 그 생에서

1) Gita II. 50.

나 혹은 다음 생에서 고통이나 즐거움이 따른다. 따라서 우리가 어떤 업을 하나 행하면 하나의 연결고리가 윤회의 속박에 이어지게 되는 것이다. 이것이 카르마의 엄격한 법칙이며, 통상적으로 우리는 이것에서 벗어날 수 없다. 업에는 반드시 업의 과실이 맺힌다는 것은 카르마의 기본적인 속성이다. 하지만 카르마-요가라는 장치를 통해 업의 이런 기본적 속성이 무력화된다. 카르마는 열매를 맺지 못하게 된다. 속박에 걸리는 또하나의 고리로 작용하는 것이 아니라 같은 업이라도 이 요가를 통하게 되면 우리의 해방을 이루게 하는 것이다. 업은 기본적으로 영적 수행으로 변환되는 것이다.

이런 기적이 이루어지게 하는 이 요가라는 것은 대체 무엇인가? 기타에서는, 요가를 어떠한 상황에도 한결같은 마음, 다시 말해 평정(平靜, Samatwam yoga uchyate)으로 정의하고 있다.[1] 이 요가는 어떤 일을 할 때 그 일이 가져다줄 결과에 대한 바람으로 인한 어떤 동요도 없어야 함을 요구한다. 일 자체를 위한 일(의무를 위한 의무)이라는 공식이 요구된다. 이익과 손해, 승리와 패배[labhalabhau jayajayau 2], 결과가 그 어떤 것이 되든 동일한 은혜로 받아들여야 한다. 이러한 평정된 마음 상태를 일러 요가라 부르는 것이다. 이런 평정된 마음으로 자신의 모든 일을 행하는 사람을 일러 카르마-요기[Karma-yogi]라 부른다.

1) Ibid. II. 48.
2) Ibid. II. 38.

힌두의 모든 것

어째서 그런지 살펴보자. 베다의 종교는 신 안에서의 존재의 일체성, 다시 말해 진정한 인간 자아의 신성과 불멸성에 바탕을 두고 있다. 브라흐만 홀로 존재하는 것이다. 하지만 우리는 헤아릴 수 없이 많은 여러 대상, 살아 있거나 살아 있지 않은 대상물들로 이 우주가 이뤄져 있다는 착각을 하고 있다. 이런 착각 속에서 우리는 우리 자신을 행동과 경험의 실제적인 주체로 믿고 있다. 하지만 이 모든 것들은 우주에너지에 의해 이루어지고 있을 뿐이다.[1] 우리는 마야라는 신적 마법에 빠져 있으며, 그것에서 벗어나기는 아주 어렵다.[2]

마야에 의해 지배당하고 있는 한, 하나가 아니라 여럿을 보고 있는 한, 우리는 당연히 거기에 맞게 행동한다. 내가 고통을 느끼면, 다른 사람에게 고통을 주지 않도록 주의해야 한다. 따라서 선행과 악행을 구별해야 한다. 하지만 이런 모든 구별은 상대적인 가치밖에 없음을 알아야만 한다. 베다 종교에 따른 최상위 관점에서 보면 그런 구별은 존재치 않는다. 프라크리티(Prakriti, cosmic energy)가 모든 행위의 행위자이다.

사실을 말하면, 가장 높은 경지에 이른 사람들의 경우, 전혀 다른 관점에서 세상을 본다. 그들은 모든 것 안에서 또 모든 것을 통해서 위대한 하나를 본다. 또한 그 자신들을 저 위대한 하나와 같은 것으로 본다. 그들은 창조의 진실한 의미를 깨닫고,

1) Cf. ibid. III. 27.
2) Cf. ibid. VII. 14.

그것을 신의 뜻에 따른 놀음으로 여기고 즐긴다. 고통과 즐거움, 건강과 질병, 생명과 죽음, 명성과 모욕의 배후에, 선과 악의 모든 것들의 뒤에, 신의 놀음을 보는 것이다. 자신들의 진실한 자아에 굳건히 자리한 채, 모든 것들을 신성의 드러남으로 보는 것이다. 자신이 무엇인가 하는 진실한 지식에 눈 뜨면, 악덕과 미덕조차 그 구분을 잃어버린다. 자아 자신은 행하지도 경험하지도 않는 것이다. 뿐더러 어떤 변화도 경험하지 않는다. 누구를 죽일 수 있으며 누구에게 죽임을 당할 수 있는가?[1]

사물에 대한 이러한 관점을 지니면, 현자는 평정해진다. 자아는 그 자체로 완성체이다. 따라서 이 자아를 깨달은 이는 이루어야 할 어떤 것도 남지 않는다. 단 한순간도 무언가를 이루기 위해 마음이 흔들리지 않는다. 마음의 갈망에서 절대적으로 자유로워진 이 현자들은 영원한 지복[2]-자아의 근본 속성인-에 잠긴 채 머문다. 어떤 집착도 없이, 두려움과 노여움도 없이, 어떤 즐거움에도 끌리지 않고, 어떤 슬픔에도 영향 받지 않는다. 선과 악, 어떤 것이 그들 앞에 오더라도 똑같은 평온함으로 받아들인다. 어떤 이를 찬양하지도 않고, 어떤 이를 저주하지도 않는다. 완전한 평화와 평정 속에 마음을 쉰다.

현자들의 이런 특이한 태도는 진정한 자아와 우주의 위대한 진실을 바로 바라보는 그들의 관점으로부터 자연스럽게 나온

1) Cf. ibid. II. 19.
2) Cf. ibid. II. 55.

다. 관점이 행위의 이유를 설명한다. 하나의 유형으로서의 이런 태도와 행위를 진지하게 모방함으로써 위대한 관점으로 이끌리며 이윽고 해방^{자유}에 이르게 되는 것이다. 이것이 카르마-요가의 논리이다. 현자들을 본받아 여하한의 조건 아래서도 마음의 완전한 균형을 이룰 수 있도록 끊임없이 노력하지 않으면 안 된다. 세속의 한가운데서 그 직무에의 관련성과 요구에 빠짐없이 매인 채로 말이다. '격심한 활동 한가운데서의 불변의 평온함'이야말로 도달해야 할 이상적인 상태다. 이것이 카르마-요가이다.

따라서 카르마-요가는 두 요소로 이루어진다. 활동과 평정이 그것이다. 강력한 활동성 가운데서도 고요함과 평온함을 유지하는 것이다. 일견 불가능한 일일 것 같다. 일에 적극적으로 임하고 있으면서도 어떻게 마음의 고요를 유지할 수 있을까? 숙고와 명상, 기도와 예배, 이런 일들은 마음의 고요와 걸맞다. 이해가 된다. 하지만 세속의 직무에 임하는 것은 전혀 다른 일이다. 마음이 교란되고 균형이 깨지지 않을까? 아니다, 그렇지 않다. 마음의 고요를 깨뜨리는 것은 일 그 자체가 아니다. 오히려 모든 일은 마음의 집중을 필요로 한다. 일을 통해 마음의 집중과 고요를 훈련할 수 있는 기회를 제공 받는다. 우리 마음은 일 그 자체가 아니라 다른 것으로 인해서 들뜨게 된다. 우리 일로 인해 좋은 결과가 있어야 될 텐데 하고 걱정하는 마음이 바로 그것이다. 우리는 이렇게 무언가를 찾는다. 이 마음으로 인해 안절부절 못하는 것이다. 우리가 한 일의 열매를 추구하는 마음을 그치면 어떤 일을 하더라도 우리 마음이 괴로움에 빠지지 않게 될 것이다. 이런 상황에서는 오히려 개개의 일들이 우리 마음을 고요하고 순결하게 하며, 분명한 관점에 머물게 할 것이며 마침내 우리 자신과 세계에 대한 위대한 진실을 깨달아 영원한 자유에 이르게 될 것이다.

우리는 보통 무언가를 원하기 때문에 일을 한다. 씨를 뿌리는 일을 하는 것은 말 그대로 열매를 얻기 위해서다. 자, 만일 열매를 포기한다면 무엇 때문에 일을 할까? 무력증에 빠지지 않을까? 그렇지 않다. 카르마-요가에서는 어떤 일의 결과에 대한 어떤 바람도 없이 자신의 의무에만 깊은 주의를 기울일 것을 요청한다. 그리고 그것을 영적 훈련으로 여기라고 요청한다. 그렇게 하면 완성과 축복의 목표에 더 빨리 이르게 될 것이다. 따라서 영적 진보에 대한 우리의 열망이 우리가 일을 하는 동기가 된다. 활발한 행동은 무력감을 줄여주고 결과에 대한 바람을 뿌리 뽑으려는 노력은 불안감을 줄여줄 것이다. 이 두 가지가 줄어들면 고요함과 순결함, 관점의 분명함이 늘어나게 된다. 이런 식으로 카르마-요가는 마음을 정화하고 셀프 지식 self knowledge에 눈뜰 수 있게 도와준다.

기타는 모든 영성 지망자에게 카르마-요가의 과정이 필수적인 것으로 기록하고 있다. 카르마-요가를 통해 평정 상태에 안착할 때까지의 마음의 정화가 필수적이란 말이다.[1] 어떤 사람

125

이 출가를 원해서 선택한다면, 이런 마음의 상태가 이루어진 다음이라야 할 것이다. 그런 후, 오직 그런 후에만, 마음은 신적 의식$^{god-consciousness}$에 푹 잠긴 상태를 유지할 것이다. 물론 그런 사람이라도 세상에 재가자로 남아 세상의 안녕을 위해 일할 수 있을 것이다. 자나카왕이 그랬고 다른 현자들도 그랬다. 하지만 출가자(세상의 의무에서 자유로워진 삶)가 되어 여하한의 영적 일에 투신한다 하더라도, 그러기 전에 반드시 카르마-요가를 통한 평정을 이룰 것을 기타는 요청하고 있다. 그런 마음의 준비 상태가 없이는 세속과의 단절과 포기는 영적인 진보는커녕 슬픔만 가져다줄 것이다.(Sannyasastu mahabaho duhkhamaptum ayogatah).[2]

여기서 카르마-요가는 생각처럼 그리 쉽지 않다는 것이 반드시 지적되어야 한다. 우리 일의 결과에 대한 기대를 포기한다는 것은 간단한 문제가 아니다. 감각기관이 제어되고 눈에 분명히 드러나는 욕망들이 자취를 감췄다 하더라도 보다 미세하고 강렬한 욕망들-이름, 명성, 지위, 영예 등-은 부수기 힘든 견과와 같다. 끈질긴 싸움을 걸어온다. 그것들이 있는지조차 알기 힘든 경우도 있다. 마음의 잠재의식에 숨어 있기도 한다. 완수하기가 거의 불가능한 것으로 만들기도 한다.

하지만 해결할 방법이 하나 있다. 우리의 욕망의 근원에 대

1) Ibid, VI. 3.
2) Ibid, V. 6.

해 작용해보는 것이다. 욕망을 일으키는 것은 무엇일까? 그것을 찾아서 멈추게 하는 것이다. 우리의 감각기관은 자연스럽게 어떤 사물은 끌어당기고 또 다른 것들은 밀어낸다.[1] 우리 마음을 감각기관을 따라가게 놔두면, 처음 것들엔 집착하고 그 다음 것들은 미워하기 시작한다. 이 집착과 미움이 우리의 모든 욕망을 낳는다. 우리의 마음은 끌리는 것을 취하고 혐오스런 것을 피하려 한다. 따라서 우리의 욕망을 뿌리 뽑으려면, 모든 세속의 대상에 대한 끌림과 배척이라는 이 근원적인 느낌을 극복하지 않으면 안 된다.

순전하고 굳은 의지력으로 가능할 것이다. 친구와 적, 성공과 실패, 이익과 손해, 건강과 질병, 이런 모든 두 갈래 집단들을 똑같은 것으로 바라보는 결연한 노력이야말로 필요한 것의 전부라 할 것이다. 이런 마음의 평정을 유지하기 위한 굳건한 노력을 하면서, 자신이 지니고 있으면서 또 쓸 수 있는 모든 기량과 에너지를 총동원하여 세속의 의무를 수행해야 한다. 이것이 카르마-요가 그 자체이다. 진정으로 성실을 다해 추구하면, 다른 여러 요가들과 마찬가지로 영적 목표를 향해 분명히 인도해준다.

하지만 쉽게 찾아보기 힘든 거대한 의지력이 요구된다. 기아나-요가나 박티-요가와 동반되면 쉬워진다. 또 여러 사람들에게 쉽게 수용된다. 신을 자기 자신으로, 신을 우주를 사랑하는

---

1) Cf. ibid. III. 34.

주인으로 생각하면서 명상하면, 모든 양극에 있는 쌍을 동일한 것으로 보는 관점이 획득될 수 있다.

세상 것들에 대한 우리의 애착과 미움의 뿌리에는 무지가 자리하고 있다. 우리는 현자들이 모든 것 속에서 또 그 모든 것을 통해서 깨닫는 저 위대한 하나 대신에 여러 가지 것들을 본다. 우리의 무지 속에서 우리는 우리 자신을 몸과 마음을 지닌 개별자로 여긴다. 우리는 우리 자신을 모든 행동과 경험의 주체로 생각한다. 우리는 모든 피조물들로부터 '나'와 '내 것'을 표시하기 시작하고, 다른 모든 것들보다 그것들을 소중히 여기기 시작한다. 우리 모두는 자기에 대해 그런 좁고 비실재적인 관점을 가지게 되고 이 비실재적인 자기를 우주의 중심에 자리시킨다. 훈련받지 못한 마음과 감각기관의 요구를 충족하기 위해 나타나는 모든 것들은 이 작은 비실재적인 자아에 의해 평가된다. 어떤 것에 대한 애착과 그 반대의 것에 대한 혐오가 뒤따른다. 욕망의 끝없는 물줄기가 생겨난다. 따라서 욕망을 지우기 위해, 카르마-요기는 무지와 대결하여 그것을 해결해야만 한다. 자신과 세계의 진실한 본성을 숙고할 때 이루어질 수 있다.

따라서 기쁨과 행복을 찾는 이는 보다 높은 영적인 차원에 자신을 위치시키도록 충고 받는다. 신적 일체성의 위대한 진리를 끊임없이 기억하도록 힘쓰지 않으면 안 된다. 육체적 몸이나 미세 몸이 아닌 다른 어떤 것으로 자신을 생각해야 한다. 모든 현상을 지켜보고 있는 영원한 목격자로서, 평화와 고요 속에 따로 떨어져 서 있는 신적 자기인 것이다. 행위와 경험의 주체가 아니다. 몸, 마음, 감각, 생기, 지성buddhi, 에고 등 모든 것은 우주에너지Prakritti가 가져다준 것으로 그것에 의해 작동하는 것이다. 그것(그녀)이야말로 모든 행위와 경험의 주체인 것이다. (우주에너지인 프라크리티는 여성 신이다-역자)

따라서 몸과 마음이 어떤 작동을 하고 있다면, 우주에너지가 그녀의 일을 하고 있다는 사실을, 진짜 자신은 행위하는 자karta도 경험하는 자bhokta도 아니라는 사실을 파악하지 않으면 안 된다. 성공적인 요기라면, 자신을, 깨어 있을 때와 꿈꿀 때 심지어는 깊은 잠을 잘 때, 일할 때나 쉴 때나, 몸과 마음에서 일어나는 모든 것들을, 움직임 없이 또 변함없이 바라보고 있는 목격자라고 생각한다. 그는 자신이 무언가를 하고 있다고 느끼지 않는다. 자신의 몸과 마음으로 일이 수행되고 있을 때라도 그렇다.[1] 이런 성공적인 요기의 실재에 대한 관점을 숙고하는 것이 그의 처신을 본뜨는 데 도움이 된다. 그 처신이야말로 카르마-요가인 것이다. 이런 식으로 숙고하면 무지를 제거하기 쉽다. 애착과 혐오에 끌리는 본능적 힘을 무력화시켜 그 원천으로 향하는 욕망의 돌진을 제어하게 된다. 따라서 카르마-요가는 이런 식으로 기아나-요가와 결합시키는 사람에게 아주 실용적인 것이 된다.

1) Cf. ibid. V. 8.

이런 결합이, 다른 많은 사람에게는 별로 성과가 없을 수도 있다. 영적 열성자 중에는 동일한 신적 일체성을 다른 각도에서 보는 사람도 있다. 그는 신이 모든 일을 하고 자신은 한갓 도구라는 생각을 오히려 하기 쉽다. 신은 모든 피조물의 가슴에 앉아 그의 불가해한 마야라는 힘을 통해 모든 이를 꼭두각시처럼 움직인다.[1]

"나는 자동차요, 당신은 운전수. 나는 마차요 당신은 마부. 나는 집, 당신은 그 안의 거주자." 이런 식으로 자신과 신의 관계를 생각하는 것이 목격자로서의 자신으로 따로 서려고 노력하는 것보다 쉽다. 거짓의 자신을 없앨 수 없는 동안에는 신과의 관계를 숙고하는 것이 오히려 낫다. 신의 마야를 통해 그것 거짓의 자신이 사출되었고, 그 마야만을 통해 그것이 행위를 하고 경험하는 것으로 드러난다. 신은 그의 최고 우주에너지[Para Prakritti]에 의해 수많은 작은 자아들로 나타나고 그의 낮은 우주에너지 Apara Prakritti에 의해 물질 우주뿐 아니라 몸, 마음, 감각 등으로 나타난다. 그 신을 유일한 실재로 생각하고 우리의 작은 '나'와 '내 것'을 죽여 없앨 수 없는 동안에는, 우리는 우리 자신을, 신이 그것들을 통해 자신의 신적 의지를 구현하는 수많은 도구로 생각하는 것이 나을 것이다. 이것은 기타에서 크리슈나 성자가 아르주나에게 다음처럼 말하는 이유이기도 하다. "나는 이 사람들을 이미 (나의 우주 의지를 통해) 다 죽였다. 너는 (내 우주 의

1) Cf. ibid, XVIII. 61.

지의) 도구가 되어 행하기만 하면 된다."[1]

"나는 부분이요, 당신은 전체. 나는 파도, 당신은 큰 바다. 나는 불꽃 하나, 당신은 커다란 불." 이렇게 이 요가를 지원하는 사람은 신과 자신의 하나됨을 명상하고, 자신의 원천적 무지를 없애도록 노력해야 한다.

다음과 같이 생각하는 것이 더 쉬울 수 있다. 박티-요가에서 말하는 것처럼, 신을 아주 가까이 있는 아주 친근한 존재, 아버지, 어머니, 친구, 선생처럼 우리와 관계되어 있는 존재로 보는 것이다. "신은 그의 일을 수행하도록 나를 세상에 보냈다. 모든 것에 대한 보호와 안녕이 내 능력에 따라 이루어지도록 내게 위임했다. 가족으로부터 시작해 인간 사회 전반에 이르기까지, 모두가 신에게 속해 있고 그의 사랑 안에서 번성한다. 그들의 안녕은 나의 사랑하는 아버지, 어머니, 스승 들의 관심사다. 나 자신을 특정 가족 구성원들에게 영구히 매여 있는 한 사람으로 보지 않고, 가족들도 나의 돌봄에 맡겨진 신의 자녀들로 보아야 한다. 이것은 지역사회, 나라, 민족, 인류 사회 차원에로 넓혀진다. 여자 하인이, 자기의 아이들이 아니라 주인의 아이들임을 확연히 알면서도 주인의 자녀들을 사랑으로 돌보듯이, 나는 내 가족, 지역사회, 나라, 인류 사회를 동일한 방식으로 사랑하고 돌보아야 한다. 모든 재산 역시 진실로 신에게 속해 있다. 죽으면 모두를 버리고 떠나야 한다. 살아 있는 동안 나는 신의

1) Ibid XI. 33.

재산에 대한 관리자에 불과하다. 어떤 것도 소유할 수 없다. 모든 것은 신의 것이다. 모든 재산은 자신의 것이 아니라 주인의 것임을 한시도 잊지 않으면서도 그 주인의 재산을 마땅하게 관리하는 신실한 종처럼, 나 역시 당분간 내 소유처럼 보이는 그 모든 것을 잘 관리해야 할 것이다." 이 구절들을 명상하면 대부분의 무지가 타파되고 카르마-요가로 다가갈 것이다.

이런 심사숙고를 통해 획득된 견해는 재가자의 삶에 자리하는 모든 것을 정화한다. 모든 것은 신과 연계되어 보인다. 이기적인 것이 숨을 자리가 없어진다. 이 작은 자아는 신의 사랑받고 신실한 대리인이 된다. 모든 것이 성화聖化된다. 미워할 것이 아무것도 남지 않게 되고 특별히 끌릴 것도 없게 된다. 세속 것들을 향한 욕망은 원천적으로 멈추고 신 자신의 일이 나의 일이 된다. 그 일들은 종교적 헌신으로 수행되고, 그 일들의 결실은 신에게 봉헌된다. 그런 헌신자는 신에게 머리를 조아리고, 그에게 주어진 것들은 좋은 것이든 나쁜 것이든 사랑하는 신에 의해 그 자신의 안녕을 위해 제공된 것으로 믿고 동일한 은혜로 받아들이게 되는 것이다.

따라서 박티-요가의 내용들을 머리에 새기는 것은 카르마-요가의 수행에 도움이 된다. 이 조합은 대다수 진지한 영혼들에게 들어맞는 방식이다. 실상 해탈이라는 목표에 이르고자 하는 진지한 재가자들에게 훌륭한 처방이 된다.

그러나저러나, 해탈을 바라는 재가자들에게 이 카르마-요가

는 영적 수행의 필수 코스이다. 기아나-요가나 박티-요가 등
을 함께하는 것과 무관하게 그렇다. 물론, 어느 것과 조합하는
가는 그 사람의 취향과 능력에 따라 달리 선택할 수 있다. 어떤
경우든 지복shreyas을 인생의 최고 목표로 삼는 재가자라면 세속
사를 영적인 것으로 동화되도록 힘껏 애써야 한다. 여러 다양
한 직무에 연관된 모든 행위들을 예배로 변환되게 해야 한다.
카르마-요가를 통한 이런 완전한 헌신이야말로 속히 마음을
단련시키고 영적 진보에 속도가 나게 한다.

　그러므로 카르마-요가는 세속의 삶을 강한 영적 수행의 삶
으로 변환시키는 빼어난 방법임에 틀림없다. 통상적으로 영적
수행의 마지막 단계는, 라자-요가, 기아나-요가, 박티-요가를
막론하고, 세속사에 대한 관심을 완전히 끊는 것을 요구한다.
이 요가들이 제시하는 영적 수행을 향한 일점 헌신의 길에 세
속의 삶은 방해가 되기 때문이다. 이것이 통상 진지한 영혼들
로 하여금 모든 세속적 관계를 끊게 하고 모든 세속적 의무를
벗어던지게 하는 이유이다. 산야사(sannyasa, 출가)라고 부르는
것을 껴안지 않으면 안 된다. 영적 수행과 관계없는 다른 모든
우려와 불안으로부터 벗어난 새로운 삶을 말하는 것이다. 이런
사실은 자연스럽게, 세속의 삶은 진정한 영적 진보에 방해가
된다는 통속적인 개념을 낳게 된다. 세속의 삶과 영성은 정반
대의 것으로 보인다. 그러나 카르마-요가에 의해 이런 환상은
불식된다. 세속의 삶이 영적 진전을 산만하게 하는 것이긴커녕

더 속도 있게 하는 것임을 보여준다. 요가에 접목되면, 세속의 삶은 영적 열성으로 전변되고, 직무와의 연관과 그 의무감과 함께 그 세속적 삶은 성화된다. 카르마-요가의 각도에서 보면, 사회에서의 삶과 숲속에서의 은둔은 영적 성장에 다르지 않은 의미를 가진다.

기타에서는 세속적 직무를 포기하지 않고 완전한 깨달음을 얻은 자나카와 같은 사람을 여럿 말하고 있다.[1] 우파니샤드 역시, 브라민(Brahmins, 브라흐만 계급 사제들-역자)조차도 최고 지식Brahma-vidya을 받아 배우는, 왕 겸 현자(rajarshis, 라자리쉬)를 보여준다. 푸라나 성전에는 카르마-요가를 통해 최고의 영적 빼어남을 성취한, 거의 모든 면에서 세속적 삶을 살았던 여러 재가자들의 예를 찾아볼 수 있다.

하지만 재가자들만 카르마-요가를 수행하는 것은 아니다. 평정에 도달하기 전에 출가한 승려들도 이 요가를 건너뛸 수 없다. 그들 역시, 기아나나 박티-요가를 병행하면서 이 카르마-요가를 통해, 마음을 다듬고 평온을 이루지 않으면 안 된다. 그러지 않으면 여하한의 다른 영적 수행에도 전적으로 헌신할 수가 없다. 나태와 게으름에 빠져 비참한 갈등으로 끝날 위험에 이를 수 있음을 기타의 크리슈나 성인은 지적하고 있다. 실상, 애착과 혐오를 정화하고 제거하여 여러 다른 영적 수행에 일념으로 헌신하기에 적합한 마음이 되기까지, 카

1) Cf. ibid. III. 20.

134

르마-요가는 모든 사람에게 가장 기본이 되고 필수적인 과정이다. 세속을 벗어나는 출가는 영적 도정에 상당한 도움이 된다. 하지만 그 출가에 앞서서 카르마-요가를 통한 욕망의 제거가 선행되어야 한다. 욕망이 분쇄되지 않은 한에는 신적 숙고 (dhyana와 samadhi)의 고요함으로 결코 들어갈 수가 없다.

카르마-요가에 대한 출가자의 접근법은 재가자의 것과는 근본적으로 다르다. 재가자의 의무들은 사회적 관계에 대한 성실에 기원한다. 반면에 출가자의 그것은, 세속적 관계의 기준에 따른 여하한의 집단에 대한 호불호와 무관하게 인류에 대한 봉사를 염두에 둔다. 모든 사람의 물질적, 영성적 안녕을 위해 출가자는 자신의 마음이 모든 불순함에서 정화될 때까지, 카르마-요가 수행은 무한할 것임을 다짐하게 된다.

제2부

14
예언자와 경전

여러 가지 기초가 많이 언급되었다. 힌두의 주용 내용이 거의 다뤄졌다. 환생(삼사라, samsara), 해방(묵티, mukti), 영적 수행의 예비과정^{프라브리티 마르가}과 최종 과정^{니브리티 마르가}이 언급되었다. 또한 그 마지막 과정과 연관되어 네 종류의 기본적 영적 수행인 라자-요가, 기아나-요가, 박티-요가, 카르마-요가에 대해 알게 되었다. 물론 지금까지의 얘기는 아주 요약본에 불과했다.

하지만 이제 우리는 힌두를 전체로 봐야 할 위치에 도달해 있다. 이를 위해 다른 모든 종교와 구별되는 힌두의 속성들을 개관하고 보충해보자.

모든 종교는 그 근원에 적어도 한 사람의 예언자, 그리고 경전이라고 불리는 계시서 한 권을 가지고 있다. 또한 밖으로 드러난 의식^{儀式}이나 신화의 성장에 녹아 있는 어떤 핵심적 영적 진리를 지니고 있다. 따라서 예언자, 경전, 영적 진리, 의식, 신화 이 다섯 가지가 한 종교를 구성하는 중요 요소라 할 수 있다. 힌두의 이 다섯 가지 필수 요소에 관한 보편적 개념이야말로 이 종교에 대한 전체적 조망을 제공할 것이다.

예언자

힌두에는 그 근원에 예언자가 없다. 처음 영적 진리를 발견하고 알려준 사람들은 베다의 현자(리쉬, rishis)들이었다. 하지만 그들 중 많은 사람들이 그들의 이름을 후대에 남기는 것에는 무심했다. 기록에 남은 이름조차도 예언자로 불리지는 않는다. 영적 진리^{베다} 자체가 그 발견자보다 더 존숭되었다.

하지만 힌두는, 종교(진리, dharma)가 빛나가거나 반종교(비진리, adharma)가 판을 칠 때는 언제나, 신 자신이 몸과 피를 지닌 상태로 거듭거듭 화신^{化身}한다고 믿는다. 그런 경우, 의인에게 바른 길을 보여주고 사악한 이들에게 필요한 교정을 위한 벌을 내리기 위해 육신의 몸을 가진 모습으로 이 땅으로 내려온다는 것이다.[1]

진실로 베다의 종교는 신이 모든 생명 안에, 나아가 세상 모든 것들 안에 있다고 가르친다. 하지만, 이 자기를 아는 지식을 가리는 무지의 장막이, 신이 지닌 불가해한 마야라는 힘에 의해 드리워져 있다. 살아 있는 존재인 지바^{jivas}는 자신의 노력에 의해 이 장막을 조금씩 조금씩 걷어내지 않으면 안 된다. 실상 인간보다 하등생물계의 경우, 이것이 진화의 숨겨진 충동이다.

1) Cf. Gita IV. 7-8.

인간계에서는 이런 노력이 의식意識을 지닌 것이 된다. 인간은 자신 안에 숨겨진 신성을 드러내야만 한다. 정확히 이것이 그의 진리(다르마, dharma)이다. 하지만 인간은 때를 따라 자기의 삶과 영적 목표에 관한 이 중심 진리를 잃어버린다. 이런 혼란 속에 자신의 내적 신성을 어리석은 생각이라고 웃어넘기게 되는 지경에까지 이른다. 정욕과 탐욕, 미움과 투쟁, 자만과 우둔한 이기심 등의 본능들 위로 향상할 수 있다는 생각을 믿지 못하게 된다. 신성의 발현은 공허한 꿈처럼 보인다. 이 내면의 영성이 없으면 의식과 교리만의 종교는 엉터리가 된다. 이 단계에 이르면 사람들은 종교를 더럽고 사악한 행동들을 덮는 것으로 여기는 것에도 괘념치 않게 된다. 이런 식으로 신성을 향한 인간의 고양高揚이 심각하게 위험에 처하게 되면, 멈춰진 인류의 영적 진보의 바퀴를 다시 돌리기 위해 신이 땅으로 내려오는 것이다. 그의 삶을 통해 인간은 그가 도달해야 할 궁극적 목표를 생생하게 보게 된다. 인간 안에 있는 신성의 현현이 어떤 것인지가 분명히 드러나는 것이다. 그의 가르침은 난무하는 의심을 물리치고, 그의 삶은 육신으로 생생하게 살아 있으면서 빛나는 모범으로서의 인간성이 되어, 그들의 성장을 위해 본받아야할 표본이 되는 것이다. 신성을 향한 인간의 향상에 새로운 추동력을 준다. 이렇게 하여 종교는 새로운 생명의 계약을 얻게 된다. 인류는 신성이라는 영적 목표를 향해 다시 한 번 출발하게 된다.

신의 화신의 목적을 보는 힌두의 방식이 이렇다. 그 화신을 일러 아바타라[Avatara]라고 옳게 부른다. 우주의 영이 강림한 것을 말한다(ava는 '아래로'의 뜻이며, tara는 산스크리트 어근 tri에서 온 것으로 '건너가다 여행하다'의 뜻이다). 신이 물리적 현현(다시 말해 물질 우주)과 자신의 신적 근원을 나누던 경계를 넘은 것이다. 지바와는 달리 아바타라에게는 무지의 장막이 드리워져 있지 않다. 자신의 완전한 통제 아래 있는 마야와 함께, 자신에 대한 지식의 광휘와 더불어 우주의 주인이 태어나 그의 신적 목적을 위해 일하는 모습으로 드러난다. 아바타라는 아래로부터 인간이 반드시 드러내야 할 신성이 위로부터 현현된 것이다.

힌두교의 고대 문헌 집성인 푸라나[Puranas]는 셀 수 없이 많은 아바타라를 언급하고 있다.[1] 데바로카[Devaloka]에 나타난 몇몇 경우도 찬디[Chandi]에 기록되어 있다. 하지만 푸라나에 언급되어 있는 지상에 온 열[10] 아바타라를 보면, 말시아[고기], 쿠르마[거북], 바라하[수패지], 느리심하[사자인간], 바마나[난쟁이], 파라쉬라마, 라마찬드라, 발라라마, 붓다, 칼키 등이 있다. 성[聖] 스리 크리슈나가 포함되지 않은 것만 보아도 완벽한 리스트가 아니라고 확실히 말할 수 있다. 미래에도 여러 다른 모습으로 신은 올 것으로 기대된다. 신은 시공간의 한계를 뛰어넘어 아바타라로 내려올 수 있다. 인간 사회의 영적 균형을 회복해야 할 긴급한 필요가 있을 경우는 언제라도 아바타라는 이제껏 계속 왔다. 다가올 미래

---

1) Shrimad Bhagwatam, also Chandi in Markandeya Purana.

전체를 통해서도 같은 일이 거듭거듭 일어날 것이다. 신이 화신한다는 이 영적 법칙의 실현을 힌두는 믿는다. 힌두가 붓다, 나아가 그리스도나 무하마드까지도 아바타라로 여기는 이유가 여기에 있다. 역사가 기록된 기간 동안 여러 빼어난 영적 인간들이 인도에 나타나 힌두로부터 신의 화신으로 받아들여졌다. 붓다, 샨카라, 차이타니아 등이 그들 중 빼어난 인물들이다. 우리 시대에는 스리 라마크리슈나(1836-86)가 많은 사람들로부터 아바타라로 받아들여지고 있다.

흔히 말해지는 열 아바타라 리스트에 대해 한 마디 할 필요가 있다. 물고기, 거북, 수퇘지, 사자인간, 그리고 난장이가 리스트에 있는 것을 어리둥절해하는 사람들이 많이 있다. 여러 이성주의자들은 이것을 생물학적 진화 체계의 암시로 읽는다. 하지만 진화를 성가시게 할 필요는 없다. 또한 아바타라의 리스트에 인간보다 낮은 종들이 나온다는 것에 위축될 필요도 없다. 힌두의 신 개념은 이런 모든 것을 수용할 만큼 넓다. 그 안에 있는 모든 것과 함께 우주 전체로 자신을 드러내는 신은 자신의 신적 목적의 완수를 위해 어떤 모양이라도 덮어쓰고 나올 수 있기 때문이다. 또 이런 아바타라가 나왔던 때는 고색창연한 전설적인 옛날이라고 말해진다. 구체적으로 어떤 때였는지 우리는 모른다. 따라서 우리는 푸라나의 이 언급들을 증명하거나 설명하는 데 힘을 소모할 필요가 없다. 우리는 신이 이런 모습들로 나타날 수 있다는 것을 알고 그것으로 족하다. 신의 삶

143

과 신의 일은 진부함을 뛰어넘는다. 드러난 현현은 그런 것일
지라도 전혀 완전히 다른 체계의 것이다. 신성의 것이다.[1] 이
진리를 파지하는 자는 삼사라^{윤회}로부터 벗어난다.

때때로 신은 여자 몸으로 화신한다. 남자 몸인 아바타라의
배우자로 나타나기도 한다. 스리 라마찬드라의 성스런 배우자
인 시타, 스리 차이타니아의 비쉬누프리아가 힌두로부터 그런
화신으로 받아들여진다. 마찬가지로 성스런 어머니로 널리 알
려진 스리 라마크리슈나의 성스런 배우자 역시, 많은 헌신자들
로부터 그렇게 받아들여진다.

나아가 힌두는 이런 신의 화신 말고도 또 다른 등급의 빼어
난 영적 인격들이 때를 따라 이 땅에 출현했다고 믿고 있다. 그
들은 아차리아(Acharya, 교사)의 신분으로 와서 경전의 바른 뜻
을 가르치고 사람들의 영적 고양^{高揚}을 도와주었다. 원래는 높
은 세계에 살고 있는 완전한 영혼들이다. 때로 아바타라의 수
행원으로 그와 동행하여, 신의 영적 사명을 위한 축복받은 도
구로 봉사한다. 때론 신성의 영원한 진리, 영적 궁극과 인생의
지향점을 널리 선포하기 위한 신의 사자^{使者}로 홀로 오기도 한
다. 하지만 그들의 비범한 영적 삶과 가르침으로 인해 예언자
의 모습으로 보이기도 한다. 이 등급의 인격들이 보여준 영적
힘은 이들과 아바타라를 구별 짓는 것을 어렵게 한다. 스리 샨
카라와 스리 라마누자가 신의 화신들인지 아니면 이들 등급에

1) Cf. Gita IV. 9.

속하는지는 인간의 이해력으로는 구별하기 어렵다. 하지만 우리 시대의 스와미 비베카난다가 이 등급의 가장 최근의 대표자라는 판단에는 많은 사람들이 같은 생각을 갖고 있다.

따라서 힌두교가, 그 근저에 어떤 예언자도 갖고 있지 않다고 주장하기는 해도, 예언자의 출현과 그 사명에 대한 정교하고 뚜렷한 견해를 지니고 있다는 사실은 분명하다.

경전

우리가 논하고 있는 종교의 두 번째 핵심적 요소는 경전이다. 앞서 다른 장에서 이미 다루었다.[1] 하지만 힌두 경전의 놀랄 만한 특징들을 지금 문맥에서 다시 언급하는 것도 무의미하지는 않을 것이다.

경전을 가리키는 힌두의 단어는 샤스트라Shastra이다. 이 단어 자체가 힌두가 경전을 보는 관점을 제시한다. 산스크리트 어근 샤스(shas, 지배하다 다스리다는 뜻을 지님)에서 나왔다. 말 그대로 어떤 것이 그것에 의해 다스려지는 것을 뜻한다. 힌두의 경전은, 우리의 동의를 구하는 어떤 것, 사원에서 우리가 해야 할 것들만을 제시한 한 뭉치의 계시로 받아들여지는 것을 거부한다. 경전은 우리의 전체 삶을 지배하여 우리로 하여금 완전을 향한 영적 진보를 이룰 수 있게 한다.

힌두 경전의 최고는 베다이다. 여기서도 힌두는 베다를 단

1) Chap. III.

지 계시의 책으로서만 보지 않는다. '베다^{Veda}'라는 단어는 영원히 존재하는 영적 진리 전체체(全體体, the entire body of spiritual truths)를 말한다. 절대적으로 비인격적이다. 인도의 현자들은 베다라고 널리 불리고 있는 책들에 적혀 있는 이런 진리들 몇몇을 발견했다. 이런 진리가 발견되면, 언제 어디서든 베다의 그 부분이 공개되었다. 베다는 영적 진리 전체체를 의미하기 때문이었다. 원래의 의미대로 그 진리는 특정한 씨족이나 공동체에 속하지 않는다. 인간 세계 전체에 속한다. 나아가 특정한 시대에도 속하지 않는다. 영원하다. 그것의 어떤 부분들이 발견되어왔다. 미래에 발견될 부분도 있을 것이다. 누가 알겠는가?

힌두 경전에 대해 언급되어야 할 세 번째 요점은 그것의 다양성이다. 슈루티, 스미트리, 다르샤나, 이티하사, 푸루나, 탄트라 등이다. 각기 다른 개인들의 이해 범위 안에 있던 미묘한 영적 진리들을 나타내기 위해, 여러 다른 경전들의 다양한 길이 이용되었다. 나아가 이런 경전들 중에는 동일한 목적지를 향해 가는 서로 다른 접근법이 강조되어 오기도 했다.

스미트리에 대해 한 마디 언급하고 싶다. 개인의 행위와 사회적 규제에 대한 규범을 적어놓은 스미트리에 대해서는 영원한 가치를 두지 않는다. 사회 변천에 따라 시대에서 시대로 변하기 때문이다. 그런 변경의 필요성이 요구될 때는 언제든, 스미트리의 개정된 판본을 주기 위해 빼어난 영적 인격이 출현되어왔다. 다양하기는 하지만, 슈루티[베다]에 나타난 근본 진리와 언제나 일치되어야만 했다.

여기서의 목적을 위해, 이 정도로 힌두 경전을 소개하는 것이 충분할 것 같다.

15
이시와라
신

우리 목록에서 세 번째 필수요소는 영적 진실이다. 힌두의 현자들이 깨닫고 경전들을 통해 드러난 신, 우주, 영혼에 대한 것이다. 앞서의 주제들을 다룬 과정에서 자연히 맞닥뜨리기도 했던 것들이다. 이제 어느 정도 정교하게 다루어보기로 한다.

힌두의 신전에는 무수한 신들이 있지만, 힌두에 따르면 최고의 신은 하나요, 오직 하나다. 실로 그는 하나의 오로지 한 실재이다. 진정으로 어떻게 생겼는지는 아무도 말할 수 없고 생각할 수 없다. 우리 마음과 우리 언설의 범위를 벗어나 있다. 마음과 언설이 뒤로 물러나는 곳에서 탐색은 좌절된다.[1]

그 신은 우리가 아는 그 어떤 것과도 다른 무엇임에 틀림없다. 우주의 사물은 공간과 시간 안에 있다. 인과의 법칙에 따라 끝없는 변화 아래 있다. 태어남과 성장과 소멸을 거친다. 그들은 부분들로 이루어졌고 따라서 분해되기 마련이다. 하지만 지고의 영인 브라흐만은 하나의 나뉠 수 없는 전체이고 시간과

1) Tait. Up. II. 9.

공간과 인과율을 넘어서 있다. 변화 없고, 영원하며, 무한하고, 한결같이 자유롭고 우리의 감각기관의 영역을 넘어서 있다. 어떠한 형태나 속성으로 제한될 수 없다.[1] 그는 초월자이다. '네티 네티(Neti neti, 이것 아니고 저것도 아닌)'[2]라는 말이 그에게 말해질 수 있는 모든 것이다.

이것이 경전에서 말하고 있는 파라브라흐만^{Parabrahman}이다. 우리가 아는 모든 것과 다른 것이지만, 단순한 공(空, shunya)이 아니고 감각이 없는 어떤 무엇도 아니다. 존재와 의식과 축복의 본질 그 자체이다. 힌두 경전은 이렇게 초월자를 언급한다. 이 우주는 그 시초에 오로지 존재뿐이었다. 두 번째 것이 없는 오직 하나였다.[3] 브라흐만은 진리, 의식, 그리고 무한이다.[4] 브라흐만은 의식^{意識}과 축복이다.[5] 해, 달, 별들, 번개, 불 등의 빛은 그에게 미치지 못했다. 그가 빛을 내자, 그 모든 다른 발광체들이 빛났다. 그의 빛에 의해 우주가 조명되었다.[6] 우리가 모든 것을 알아차리는 것은 그의 의식의 빛에 의해서이다. 그는 우리 귀의 귀요, 우리 마음의 마음 등으로 불린다.[7] 실상 그는 우리 안에 있는 가장 내면의 존재다. 무수히 많은 신체 부분, 마

1) Cf. Bri. Up. III. 8. 8.
2) Cf. ibid. III. 9. 26.
3) Chh. Up. VI. 2. I.
4) Tait. Up. II. 1. 3.
5) Bri. Up. III. 9. 28.
6) Cf. Ka. Up. II. 2. 15.
7) Cf Ke. Up. I. 1. 2.

음 부분, 감각 부분들이 한 인간(jiva, 생명체)으로서, 행위와 경험의 주체로서 행동하게 되는 것은 이 의식과의 접촉에 의해서이다.[1]

하지만 경전에서의 이런 모든 언급들은 있는 그대로의 신을 그려내고 있지 못하고 그려낼 수도 없다. 기껏해야 위대한 초월적 실재에 대한 암시적 힌트에 그친다. '으르렁거리는 파도'가 바다를 보지 못한 사람에게 바다를 마음에 그리게 하지 못하듯이, 경전의 모든 표현들 역시 파라브라흐만이 어떤 것이지를 이해할 수 있게 하지 못한다. 이것들에서 우리가 얻을 수 있는 것은 니르구나 브라흐만이 공空도 아니고 무감각한 어떤 것도 아니라는 사실, 오히려 우주의 모든 대상물과 경험의 원천이요 지지물이며, 두 번째가 없는 오직 첫 째요, 하나라는 사실이다. 나도 없고 너도 없으며, 주체도 객체도 없다. 파라브라흐만은 비인격적 신이다. 경전은 '그'나 '그녀'가 아닌 지시대명사 '그것'으로 지칭한다.

힌두 경전은 그런 실재가 창조의 근원에 자리한다고 주장한다. 우주는 브라흐만으로부터 나오고, 그것에 깃들고, 그것으로 사라져간다고 한다.[2] 하나의 순환 과정 속에 영원히 계속된다고 한다. 마치 거미가 자기 몸으로부터 거미줄을 만들어내었다가 다시 제 몸으로 끌어넣듯이 신도 우주를 그리한다. 나무

1) Cf Ka. Up. I. 3. 4.
2) Cf. Tait. Up. III. 6.

와 풀들이 땅으로부터 솟아오르듯이 털이 몸으로부터 자라듯이 우주도 신으로부터 나온다.[1] 신은 전체 우주에 편만하게 가득 차 있다. 우주의 모든 것들은 브라흐만 안에 또 브라흐만을 통해서 그들의 존재를 가진다.[2] 신은 아무것도 없는 것에서 세계를 만들지 않았다. 그 자신으로부터 세계를 사출했다. 신은 우주의 기능과 재료 모두의 원인이다.

하지만 우주^{Brahmanda}는 신의 전체 존재를 다 차지하지는 못한다. 우주가 신 안에 있는 것은 의심의 여지가 없지만, 신은 영원히 초연하고 우주와 떨어진 채로 있다. 경전에서 우주는 신 존재의 한 부분에 깃들어 있다고 말하는 것이 바로 이 뜻이다.[3]

경전은 이와 같이 신을 초월적이면서도 내재하는 것으로 그려왔다. 신은 형태가 없고 변화가 없다. 하지만 신은 무한한 형태로 끊임없이 변하는 우주의 기초이기도 하다. 우주의 모든 것들이 제자리를 지키고 모든 기능이 조절되며 모든 곳에서 질서와 조화가 유지되는 것은 이 내재하는 신의 강력한 법칙 아래 있기 때문이다.[4] 감각과 마음, 지성이 결코 알 수 없는 초월적 신은 모든 것 안에 있으면서 그것들을 안으로부터 제어한다. 안타리아미(Antaryami, 영혼)다. 또한 그것은 바로 우리 자신 ^{Self}(Atman, 아트만)이다.[5]

1) Cf. Mund. Up. I. 1. 7.
2) Cf. Ish. Up. I. also cf. Bri. Up. III. 8. 4, 11.
3) Cf. Rg. Vd. X. 90. 3, also cf. Gita X. 42 & Bri. Up. III. 9. 26.
4) Cf. Bri. Up. III.. 8. 9.
5) Cf. ibid. III. 7.

니르비칼파 사마디에서처럼, 우주가 의식으로부터 떨어져 나가버리면, 신은 니르구나, 니라카라, 브라흐만으로 깨달아진다. 하지만 우리가 우주를 인식하는 동안은, 브라흐만은 우주의 사출자, 보호자, 지배자로 나타나고, 우리는 그를 샥티나 이시와라라고 부른다. 브라흐만과 샥티는 분리할 수 없다. 둘은 같은 존재의 서로 다른 단계이다. 불타는 힘을 불과 분리할 수 없듯이, 되어지는 힘인 샥티는 브라흐만과 분리할 수 없다. 쉬고 있는 뱀과 움직이는 뱀 사이에 실질적인 차이가 없듯이 브라흐만과 샥티 사이에도 차이가 없다. 단순히 자세가 다르다고 해서 어떤 사람의 정체성이 달라지지 않듯이 이시와라의 자세도 브라흐만의 정체성에 영향을 미치지 않는다.

브라흐만의 사구나(Saguna, 특성이 있는, 세상적인) 측면이 우리가 말하는 샥티나 이시와라이다. 창조의 주†인 이시와라는 인격신이다. 모든 곳에 편만한 우주의 최고 주인이다. 니르구나 브라흐만은 경전에서 인격신의 최고 상태를 가리킨다. 스리 크리슈나는 기타에서 "그것이 나의 최고의 거처이다."라고 말한다.[1]

하지만 대부분의 종교가 주목하는 것은 인격신인 이시와라이다. 형태가 없는 이로서, 자신의 전능한 의지에 의해 우주의 모든 내용물과 함께 우주로서 자신을 드러낸다. 그의 놀이(릴라, lila)인 것이다. 아버지요 어머니, 창조자요 임명자인 것이다.

1) Gita XV. 6.

그는 길이요 목적지요, 추종자요 주인, 목격자요 거처, 피난처
요 독지가인 것이다. 그는 근원이자 끝이요 모든 것의 휴식처
이다. 그는 깨지지 않는 우주의 씨앗이다.[1] 지속하는 모든 것
과, 변함없는 이시와라 즉 지고의 존재 모두를 포함하면서, 변
하는 것과 변하지 않는 것 모두를 초월한다.[2] 신을 경배하는 이
는 누구든지 그를 경배하는 것이고 그만을 경배하는 것이다.

  힌두 경전에 따르면 이 형태 없는 신은 그의 마야에 의해 여
러 가지 모습을 나툰다.[3] 실상 모든 이름과 모든 모양은 그의
것이다. 또한 그는 모든 신적 형상을 가지고 있다. 그것들 어떤
것에서도, 순결한 영혼은 그를 볼 수 있다. 이런 모양들은 마치
여러 다른 옷과 같아서 옷 안에 있는 신은 늘 같다. 오직 우리
가 그에게 가까이 갈 수 있게 하기 위해 이런 모양들을 입는다.
아바타라로서 여러 다른 모양으로 나타나는 것 역시 그렇다.

  따라서 힌두 경전에 따르면, 신은 하나요 하나뿐이지만 여
럿으로 나타난다. 절대적으로 형상이 없지만, 수많은 형상으로
나타난다. 어떤 속성에 의해 제한되지 않지만, 모든 속성의 근
원이요 모든 속성의 지지자다. 인격이자 비인격이다. 비록 속
성들을 지닌 인격신으로서지만, 셀 수 없이 많은 이름과 형상
을 통해서 경배될 뿐 아니라 형상 없는 이로서도 경배된다. 이

1) Cf. ibid. IX. 17-18.
2) Cf. ibid. XV. 17-18.
3) Cf. Rg. Vd. VI. 47. 18, also cf. Bri. Up. II. 5. 19.

것이 힌두가, 알라와 기독교의 신을 우주의 자기동일^{self-same}한 신, 그들이 이시와라라 부르는 신과 대체 가능한 이름으로 받아들이는 이유이다.

하지만 힌두 가운데는 신의 여러 다른 부면들을 다양하게 선택하는 교파들이 있다. 어떤 이들은 신은 형태가 없고, 속성도 없다고 한다. 어떤 이들은 형태가 없지만 속성은 있다고 하고, 또 다른 이들은 영원한 형태와 속성을 지닌다고 한다. 이 마지막 그룹에도 각기 선택한 다른 형태로 인해 다시 분파된다. 샤이바, 바이쉬나바, 샥타 등이 그들이다.

신과 신의 영광(마히마, mahima)은 무한하므로 그에의 접근 또한 수없이 많을 수 있다. 따라서 신의 한 부면과 다른 부면에 대한 선택에 따라 여러 다른 교파들로 힌두 사회가 분파 또 재분파되는 것은 아주 자연스런 일이다. 각기 다른 취향과 성정, 능력에 맞게 신성에 접근하는 여러 방법에 열려 있는, 힌두교의 풍성함을 보여주는 것일 뿐이다. 하지만 그 어떤 교파도 자기 관점이 유일한 정법^{正法}이라고 주장해서는 안 된다. 이것이 교파 간의 언쟁을 촉발시켰고 힌두 사회의 힘과 연대를 손상시켰다. 증오와 질투를 만들었고 이것들은 영성과는 정반대되는 것들이었다.

베다의 현자들은 신이 진정 무엇인지의 그 가장 큰 진리는 마음이나 말로는 결코 표현되지 못한다는 사실을 깨달았다. 여러 교파나 심지어 여러 종교들이 말하는 것으로써는 결코 그가 규명되지 못한다. 그것들 모두와 그 이상이었다. 교파나 종교는 같은 실재를 어떤 특정한 각도에서 읽어내는 데 매여 있다. 그들의 한계 내에서는 맞는 견해일 수 있지만, 말과 마음 밖에 존재하는 그에 대한 전체 진실은 결코 전해줄 수 없다. 리그베다는 이렇게 말한다. "하나만이 존재한다. 현자들은 여러 다른 이름으로 부른다."[1]

스리 라마크리슈나는 다음의 우화를 통해 이 점을 분명히 하곤 했다.

'소경 넷이 코끼리를 알아보려고 밖으로 나갔다. 한 소경이 코끼리의 다리를 만지고서 말했다. "코끼리는 기둥 같다." 두 번째 소경은 코를 만지고서 "뭉뚝한 몽둥이 같다."고 말했다. 세 번째는 배를 만지고, "큰 항아리 같다."고 했다. 네 번째는 귀를 만지고, "큰 풍구風臼 같다."고 했다. 그러면서 서로 말씨름을 시작했다. 그렇게 다투는 모습을 본 지나가던 사람이 말했다. "뭣 때문에 다투는 거요?" 그러자 그들이 사정을 말하고 중재를 부탁했다. 행인이 말했다. "당신들 중 아무도 코끼리를 본 사람이 없지요? 코끼리는 기둥처럼 생기지 않았어요. 다리가 그렇게 생겼죠. 풍구처럼도 생기지 않았어요. 귀가 그렇게 생겼죠. 뭉뚝한 몽둥이처럼 생기지 않았어요. 코가 그렇게 생겼죠. 코끼리는 다리와 귀와 배와 코 모두를 다 모은 것이지요." 이런 식으로 신의 한 면만을 본 우리 모두는 서로 싸우는 거

1) Rg. Vd. I. 164. 46.

155

지.'[1]

'카멜레온의 색에 대해 두 사람이 뜨겁게 다투고 있었다. 한 사람이 말했다. "저 야자나무에 있는 카멜레온은 고운 빨간색이지." 다른 사람이 반박했다. "무슨 빨간색이야, 파란색이지." 말로써는 해결이 날 것 같지 않자, 두 사람은 그 나무 아래서 늘 살고 있는 사람에게로 가 카멜레온의 바뀌는 모든 색을 바라보았다. 한 사람이 물었다. "선생님, 저 나무에 있는 카멜레온의 색은 빨강 아닌가요?" 나무의 사람이 말했다. "맞지요, 빨강이지요." 다른 사람이 물었다. "무슨 말씀이오? 저게 무슨 빨강이요? 분명히 저건 파랑입니다." 나무의 사람은 공손히 또 말했다. "맞습니다. 파랑입니다." 나무의 사람은 카멜레온의 색이 늘 바뀐다는 것을 알고 있었다. 그래서 상반된 두 질문에 모두 "그렇다."라고 답한 것이다. 마찬가지로 삿치트아난다 Satchidananda도 여러 다양한 모양을 한다. 신의 단지 한 면만을 본 신자는 그 면만을 안다. 하지만 여러 면을 다 본 사람은 "이 모든 모양은 하나의 신의 것입니다. 왜냐하면 신은 여러 모양을 지니고 있기 때문이지요."라고 말할 수 있다. 신은 모양이 없지만 모양이 있다. 그리고 그 여러 모양이 어느 누구도 알지 못하는 신의 모양들이다.'[2]

이런 비유를 통해, 스리 라마크리슈나는 여러 교파의 여러

1) Sayings of Sri Ramakrishna, p. 287.
2) Ibid, p. 207.

다른 관점들이 옳기는 하지만 부분적인 것임을 지적하였다.

이 비유는 힌두가 어째서 무수한 신을 숭배하는지를 설명하고도 있다. 이들 중 많은 것들은 동일한 이시와라를 다르게 표현하고 있는 것들이다. 그 밖의 다른 것들은 신의 무한한 힘을 표현한다. 이들 어느 것을 경배하든 같은 하나님을 경배하는 것이다.

그 나머지는 신격화된 사람이나 사물이다. 그들은 고귀한 자리를 차지한 피조물이다. 지상에서의 선행으로 그 자리에까지 올라가게 되었다. 그 가장 높은 이가 가장 먼저 창조된 존재인 히란야가르바Hiranyagarbha이다. 그는 우주적 지성이다. 현현된 모든 것을 아우르므로 무한한 힘을 지녔다. 아그니[불], 아디티아[해] 등 다른 신격들은 이 히란야가르바의 한 부분들의 힘을 나타낸다. 이 힘들이 무한하기 때문에 그 신격들 역시 무한하다. 하지만 이들 모두는 하나의 데바 즉 히란야가르바에 포함된다.[1] 어떤 다른 신격들을 예배하더라도 히란야가르바가 예배 받는 것이다. 또한 그를 예배하면 다른 모든 신격들에게 예배한 것이 된다. 그리고 이 히란야가르바는 하나의 우주적 존재로서 별로 유별나지 않은 개별체인 것이다. 따라서 이 신격들은 이시와라와 혼동되어서는 안 된다. 이시와라는 영원하며 모든 것의 주인이다. 물론, 사람이 신의 상징으로 예배되듯이, 신격들은 신

---

1) Cf. BrL Up. III. 9. 9.

의 상징으로 복무한다.[1]

이렇듯 데바뿐 아니라 이시와라의 헬 수 없이 다양한 형태 속에서, 힌두교는 근본적 일체성의 전망을 전한다.

1) See Chap. XI

16
브라흐만다
우주

보이지 않는 것으로서의 SUBTLE

힌두에서는 우주가 시간적으로 시작이 없다고 말한다. 나타나고 사라지고를 완전한 리듬을 가지고 번갈아 한다. 나타났다, 일정 기간 지속되다가, 사라진다. 스리쉬티^{Srishti}, 스티티^{Sthiti,} 프랄라야^{Pralaya}라 부른다. 이 셋이 하나의 완전한 순환 단위가 되어 영원히 반복된다.

이와 비슷한 것을 우리는 거의 매일 경험한다. 우주가 교대로 나타나고 붕괴되듯이, 우리는 깨어 있음과 수면을 반복한다. 개인의 마음으로 따져본다면 깊은 잠은 그 마음의 붕괴이다. 우주의 프랄라야와 같다. 한 개인의 의식에 국한된 것만이 다르다. 수면 동안의 이런 일시적인 붕괴를 니티야 프랄라야(nitya pralaya, 매일의 경험이 붕괴하는 것)라 부른다.

그렇다면 창조 과정에서 생긴 모든 개인들이 한꺼번에 잠에 빠지면 어떻게 될까? 그럴 경우, 아무도 우주를 알아차리지 못하게 될 것이다. 모든 것이 깜빡 지워져버릴 것이다. 힌두는 실

159

제로 이런 일이 일어난다고 말한다. 모든 마음들을 합한 것이 우주 마음이다. 그 마음은 한 신격(神格, a deity)이 소유한 마음이다. 이 신은 처음 생긴 개체이다. 거의 무한한 힘을 지닌. 우파니샤드에서는 여러 이름으로 불린다. 히란야가르바, 수트라트마, 아파라브라흐만, 마하드브라흐만, 프라나 등이다. 이시와라의 형태로 형상화되거나 경전에서는 브라흐마로 불리기도 한다. 모든 마음을 합친 브라흐마가 잠들면 나이미티카 프랄라야, 다시 말해 특별한 붕괴가 된다. 브라흐마가 깨어나면 브라흐만다가 현현된다. 이것이 스리쉬티이다. 스리쉬티와 스티티 기간이 브라흐마의 낮이라면 프랄라야 기간은 브라흐마의 밤이다.[1]

우리가 잠을 잘 때, 실제로 무슨 일이 일어나는 것일까? 이걸 알게 되면 프랄라야 때 일어나는 일에 대한 단서를 찾을 수 있을 것이다. 꿈 없는 깊은 잠 속에서 우리는 이름과 형태를 지닌 존재는 전혀 알 수 없게 된다. 외부 세계에 대한 여하한의 흔적이나 개인으로서의 우리 자신의 어떠한 구체적 내용도 남아 있지 않게 된다. 행동도, 생각도, 욕망도 거기에는 없다. 거의 완벽한 공백이 된다. 우리는 모든 것들을 잊어버린다. 이름도 외모도 집도 직업도. 그러다가 잠을 깨자마자 이 모든 것들은 우리 의식으로 돌아온다. 그것들은 그동안 어디에 가 있었을까? 수면 동안 그것들이 완전히 꺼져 없어진 것이 아님은 분명하

1) Cf. Gita VIII. 17-19.

다. 모든 생각과 욕망들은 미약한 흔적의 잠재적 상태로 마음 속에 있었던 것이라고 힌두는 주장한다. 그러지 않다면 잠을 깰 때 다시 나타날 수 없을 것이다. 잠을 잘 때 그것들은 드러 나지 않는 상태로 축소되었다가 잠이 끝나면 다시 모습을 드러 내는 것이다.

커다란 나무의 특징들은 눈에 보이지 않는 에너지의 형태로 작은 씨앗 속에 잠재해 있다. 적절한 과정을 거쳐 나무로 자신 을 드러내는 것은 다름 아닌 이 에너지이다. 나무는 드러나지 않은 원인 상태로 씨앗 속에 있었다고 말할 수 있다. 마찬가지 로 꿈 없는 수면 동안, 우리 개인성을 구성하는 모든 것들-우 리의 생각, 욕망, 경향성, 판단, 기억 등의 모든 것들은 우리 안 에 보이지 않는 에너지 형태의 원인 상태로 자리하고 있다. 실 상 우리의 지적 능력, 마음, 감각 등은 원인 상태로 축소되는데, 꿈 없는 잠을 잘 때 이런 것들이 기능을 멈추고 우리 역시 방향 감각과 위치 감각 등을 잃어버리는 이유도 여기에 있다. 이 드 러나지 않는 원인 상태를 일러 원인체(karana sharira, 카라나 샤 리라)라 부른다. 꿈 없는 깊은 수면 동안, 우리의 의식이 육체와 정신체로부터 벗어나 휴식하는 곳이 바로 여기이다.

우리 경전들에서 꿈을 설명하는 방식이 바로 이와 같다. 우 주 지성(히란야가르바, hyranyagarbha)이 잠에 빠질 때도 같은 일 이 일어난다. 그 우주 지성의 의식이 원인체로 물러나면, 창조 에 참여한 모든 마음, 다시 말해 우주 마음과 그것이 경험한 모든 대상들이 함께 원인 상태로 돌아간다. 큰 것이나 작은 것이나, 전 우주의 모든 것들은 우주 지성의 원인체를 구성하는 보이지 않는 원인 상태로 돌아간다. 이처럼 히란야가르바의 우주 마음이 잠에 들면, 우주의 붕괴가 일어나고 이것이 나이미티카 프랄라야다. 스리쉬티는 잠이 깰 때 시작된다. 그리고 이것들은 서로 번갈아 일어난다.[1]

히란야가르바의 수명이 끝날 때,[2] 그 한 주기의 끝에 비슷한 붕괴가 일어난다. 모두 해체되고 파라브라흐만parabrahman으로 녹아들어 합병되어버리는 것이다. 우주의 모든 것은 아비악타Avyakta나 프라크리티prakriti라는 드러나지 않는 무한 에너지shakti로 돌아간다. 히란야가르바의 해체에 의해 이런 식으로 일어난 우주적 붕괴를 일러 프라크리타 프랄라야로 부른다. 다음 주기가 시작되면 또 다른 히란야가르바가 나타나는데 이것은 그 전 주기에 스스로에 의해 획득된 빼어난 공로에 의한 것이다.[3]

하지만 이 주기에서 처음으로 나타난 개별자jiva인 히란야가르바는 무한한 지식과 의지와 행동력을 가지고 있다. 이후에

1) 히란야가르바의 하루(그의 깨어남과 잠의 기간, 창조와 붕괴의 기간)를 일러 칼파kalpa라 한다.
2) 그의 기준으로 100년. 그의 하루는 인간의 4억 3천2백만 년에 해당한다.
3) 하지만 다른 종류의 프랄라야도 있다. 파라브라흐만이 완전한 지식을 얻게 되면, 브라흐만다와 그의 근원적 원인인 아비디아Avidya 다시 말해 근본 무지가 함께 완전히 사라지는 때가 온다. 이것을 일러 아티안티카atyantika 프랄라야, 다시 말해 절대 붕괴라 부른다. 이를 제외한 다른 모든 붕괴 때는 드러나지 않은 원인 상태(아비악타avyakta 혹은 카라나karana)가 남게 된다.

창조되는 모든 것은 이 히란야가르바의 산물이다. 경전에서 브라흐마가 창조자로 소개되는 이유가 바로 이 때문이다.

브라흐마는 어떻게 창조하는가? 그 어떤 것도 아무것도 없는 것-허공으로부터 창조하지 않는다. 그 자신을 재료로 하여 우주brahmanda를 창조한다. 그가 우주가 된다. 그가 의도하는 것은 무엇이든 그 스스로 그것이 된다. 그의 의도는 정확히 지난 주기 동안 일어났던 일을 명상해서 얻어진 어떤 양식에 의거해서 이루어진다. 명상에 의해 원인 상태에 있으면서 현현을 기다리고 있는 모든 것을 찾아낸다. 전생 주기의 순서와 현현의 완급 순위에 따라 겉으로 드러나거나 드러나지 않는 모든 대상물들을 스스로로부터 뽑아내어 그 자신의 의지만으로 만들어 간다.

어떻게 우주 마음의 의지만으로 이 모든 것이 일어나는가 하는 것은 우리가 꿈꿀 때의 경험과 비교하면 힌트를 얻을 수 있다. 우리 꿈의 피륙은 누가 짜는 것인가? 두말할 것 없이 우리 마음이다. 무엇을 재료로 하여? 두말할 것 없이 마음 자체를 재료로 한다. 우리가 바라는 것은 무엇이든 꿈속에서 벌여져 있다. 다시 말해 마음 자체를 재료로 하여 그 바라는 바가 된다. 깊지 않은 잠에 들면, 마음은 외부 세계의 손아귀에서 벗어나서 마음의 하고자 하는 바에 따라 스스로를 그 모든 것으로 전변시키는 놀라운 힘을 발휘한다. 가히 마술사를 능가하는 것이다!

한 개인의 마음이 이럴진대 우주의 마음은 그 의지에 따라 자유자재로 자신을 재료로 하여 우주라는 피륙을 짜낼 수 있을 것이다. 우리는 잠재의식 상태에서 꿈을 꾸지만, 브라흐마는 의도적으로 혹은 어떤 계획에 따라 이렇게 한다. 커다란 차이점이다. 하지만 이 두 현상은 아주 닮아 있다. 브라흐마는 명상에 의해 발견한 것을 의도한다. 또한 그가 의도하는 것을 본다. 우주 마음을 구성하는 일부분인 우리 마음은, 우주 마음이 보는 것을 우리의 능력 범위 안에서 인지할 뿐이다.

그렇다면 브라흐마 자체는 어떻게 생기게 되었을까? 누가 그를 만들었을까? 나아가, 한 개체인 브라흐마는 우리 각자가 그렇듯 몸을 지닌 영혼이지 않으면 안 된다. 그렇다면 그의 몸은 무엇이며 그의 영은 무엇인가?

이런 의문들은 우리를 더욱 깊은 심해로 데려간다. 그 몸과 영은 그것으로부터 생겨난 부산물이다. 우주 마음이 그의 몸이고 신 자신이 그 안에 든 영이다.

미묘체(미세체, 신비체, 슉쉬마 혹은 링가 샤리라)의 총합이 브라흐마의 몸이다. 세 개의 동심원으로 된 방 혹은 껍질로 구성되어 있다. 비기아나마야, 마노마야, 프라나마야 코샤가 그것이다. 비기아나마야 코샤는 지성과 지식에 대한 다섯 개의 미세감각으로 구성되는데, 지식의 힘을 구비하고 있다. 경험과 행위의 주체가 자리하는 방(코샤, kosha)이다. 마노마야코샤는 마음과 지식에 대한 다섯 가지 미세 감각으로 구성되고 의지의 힘을 갖고 있다. 프라나마야 코샤는 다섯 개의 프라나와[1] 행동에 대한 다섯 가지 미세 감각으로 구성되며 행동의 힘을 갖고 있다.

히란야가르바의 몸을 구성하는 이 모든 껍질들은 다섯 가지 기본 영$^{sukshma\ bhutas}$으로 만들어지는데 극히 미세하고 탄마트라^{tanmatra}로도 알려져 있다. 부타^{bhuta}라는 단어는 말 그대로, 드러나지 않는 것^{avyakta}의 반대 개념으로, 존재가 되어버린 어떤 것을 말한다. 탄마트라는 혼자인 어떤 것을 말하는데, 다른 것과 섞이기 전의 상태의 기본적 영을 뜻한다 할 수 있다.[2]

다섯 가지 기본 부타는 아카샤, 바유, 테자스, 아프, 크쉬티들이다. 우리가 에테르, 공기, 불, 물, 흙이라 부르는 것들과 혼동되면 안 된다. 탄마트라는 이들보다 훨씬 미세하며, 그들과는 다른 차원에 속해 있다. 힌두 리쉬들의 분석적 접근법은 현대 과학과는 전적으로 다르다.[3]

이 탄마트라들은 아비악타로부터 한꺼번에 생겨나지 않는다. 아카샤가 처음 생기고 그것의 일부분이 바유로 변한다. 바유의 일부분이 또 테자스로, 테자스로부터 아프로 아프로부터 크쉬티로 변해간다.

---

1) 생기 에너지인 프라나^{Prana}는 생리적 기능에 따라 다섯 가지 종류가 있다고 한다. 프라나$^{prana, 호흡}$, 아파나$^{apana, 배설 생식}$. 사마나$^{samana, 소화 대사 영양}$, 우다나$^{udana, 감각 지력 언어}$, 비아나$^{vyana, 순환 신경}$ 등이다.
2) See Chap. XVII.
3) See Chap. XVII.

한 가지 더 말해둘 것이 있다. 탄마트라가 생겨나는 아비악타는 사트바, 라자스, 타마스라는 세 가지 뚜렷이 구별되는 속성들에 의해 구분되는 세 가지 특징들로 구성된다. 사트바^{sattwa}는 사물에 빛을 비추어 우리 의식에 그 사물들을 드러내주는 우주 내의 기본 속성을 말한다. 라자스^{rajas}는 변화를 일으키는 기본 속성으로 우주의 역동적인 기본 요소이다. 타마스^{tamas}는 무지와 무력증으로 드러나는 우주의 기본 요소이다. 아비악타로부터 나오는 모든 것들에는 이 세 종류 구성 요소의 도장이 찍혀있다. 탄마트라, 다시 말해 기본 부타에도 이 도장은 찍혀 있다. 각각의 부타는 빛을 비추는, 역동적인, 무력한 부분을 지니고 있다고 말해진다.

이 다섯 가지 기본 부타들-아카샤, 바유, 테자스, 아프, 크쉬티-의 빛을 비추는 부분들은 각기 귀, 피부, 눈, 혀, 코에 상응하는 지식에 대한 미세한 감각을 만든다. 그것들 모두를 이루는 빛을 비추는 부분이 지성(부디)과 마음을 구성한다. 비슷한 방식으로, 부타의 역동적 부분(Buddhi, 부디)은 행동에 관한 다섯 가지 미세한 감각을 각기 형성하고 서로 연계되어 다섯 가지 프라나를 만든다. 브라흐마의 몸을 구성하는 이 세 개의 방(코샤)은 이런 식으로 탄마트라의 비추임의 부분과 역동적 부분에 의해 만들어진다. 브라흐마는 이러한 우주 미세 몸(슉쉬마 샤리라)를 갖게 되는 것이다. 이 안에 모든 살아 있는 것들의 미세 몸이 들어 있다고 생각된다.

17
브라흐만다 · 2

보이는 것으로서의 GROSS

탄마트라의 불활성^{tamasika} 부분은 판치카라나로 알려진 특이한 과정에 의해 서로 서로 어울려 눈에 보이는 그로스 부타를 형성한다.[1] 개개의 그로스 부타는 탄마트라나 미세 부타의 다섯 종류 모두가 개개의 구성비로 구성되어 만들어진다. 예를 들어 아카샤 부타는 미세 아카샤를 1/2, 다른 네 개의 미세 부타를 각각 1/8씩 지니면서 구성되어 있다. 그로스 바유는 미세 바유를 반, 나머지 다른 미세 부타를 각각 1/8씩 가지면서 구성된다.

이런 그로스 부타들은 개체^{jiva}의 물리적 몸, 다양한 우주 속에서의 위치^{loka}, 그 쓰임새의 항목들을 구성한다. 아주 거칠고 어두운 것에서부터 아주 미세하고 밝은 것까지를 다 포함한다. 하지만 이 모든 것은 히란야가르바의 의지에 의해 일어난다. 그 자신을 응축시켜, 보이는 우주로 스스로를 드러내는 것이

1) Cf. Ved. Par. Chap. VII.

다. 이런 과정을 거쳐 전 우주를 자신의 몸으로 신을 자신의 영혼으로 지니게 되는 또 다른 우주적 존재인 비라트^{virat}가 태어나는 것이다.

이미 보았듯이, 힌두에 의하면 스리쉬티는 시작이 없다고 한다. 개개의 창조^{srishti}는 붕괴^{pralaya} 다음에 오며 개개의 붕괴는 창조 다음에 온다. 이것이 영원히 반복된다. 왜 이런 일이 일어날까? 힌두 경전에 의하면 붕괴와 창조 사이에는 인과의 끈이 있다. 피할 수 없는 업^{karma}의 법칙이 이 끈을 만든다고 한다. 힌두에 의하면 이 법칙은 개개의 창조와 또 그 안에 있는 모든 것을 결정하는 최상위의 인과의 법칙이라 한다. 그 이전 주기^{kalpa}에 있었던 한 개체의 행위, 경험, 욕망은 프랄라야^{붕괴} 상태에서는 (원)인의 상태로 있게 된다. 창조의 시기가 되어 모든 개체가 그들의 위치와 그들의 먹이가 되는 물질과 더불어 히란야가르바와 함께 시작될 때 그 인이 결실을 맺게 하기 위한 것이다. 그 이전 주기^{전생}에서 행한 선행과 악행^{karma}에 따라 이번 주기에서 고통과 즐거움을 경험하게 되게 된다. 이생에 와서 수많은 결함의 대상들 속에 놓이게 되는 이유가 바로 이것이다. 따라서 프랄라야 시기에는 나중에 브라흐마난다라는 나무로 자라나게 되는 씨앗이 자리하고 있는 것이다. 나무 이전에 씨앗이 있고 다시 씨앗 이전에 나무가 있듯이, 창조 이전에 붕괴가 있고 붕괴 이전에 창조가 있는 것이다.

이 단계의 중심에 지바(jiva, 개체)들이 있다. 그들은 경험^{bhoga}

을 통해 자신들의 행위의 과실을 수확하게 되고, 이것이야말로 전 우주가 존재를 시작한 이유이기도 하다. 따라서 우주는 두 구성원 그룹으로 나뉘는데, 경험의 주체[bhoka]와 경험의 객체[bhogya]가 그것들이다. 지바(jiva, 개체 개인)는 주체 그룹에 속하고 다른 모든 것들은 객체 그룹에 속한다. 이 관점에서 보면, 브라흐만다나 자가트(jagat, 우주)는 이 두 가지 본질적 그룹으로 특징지어진다.[1] 유정물(有情物, 지각물, the sentient)과 무정물(無情物, 무지각물, the insentient)이 그것이다.

지바는 지식을 얻는 감각- 수많은 인식 기관- 을 통해 우주를 경험한다. 이 개개의 인식 기관들은 우주에 대한 각각의 측면을 전달해준다. 이것을 비샤야(인식의 대상)라고 부른다. 다섯 가지 감각기관들[2]인 귀, 피부, 눈, 혀, 코는 개개의 인식 대상[비샤야]으로 소리, 촉각, 색, 맛, 냄새를 두고 있다.[3] 지바는 외부 세계와 이 다섯 가지 감각과 인식으로 연관된다. 실제적으로 외부 세계와의 경험[bhogya]은 이것들로 이루어진다.

이제, 감각에 의한 인식은 외부 세계로부터 들어온 자극에 의해 감각이 동요될 때 만들어진다. 예를 들어, 빛 파장은 색을 감각하는 인식을 만들어내기 위해 눈을 자극한다. 따라서 이 견해에 따르면, 외부 세계는 감각 자극으로 구성되어 있는 것

---

1) 'Bhoktri-bhogya lakshana'
2) Shrotra, twak, chakshu, jihoa and nasika
3) Shabda, sparsha, rupa, rasa and gandha.

에 불과하다.

그로스 아카샤는 소리 인식을 자극한다. 바유는 소리와 촉각을 자극한다. 테자스는 소리와 촉각, 색을 자극한다. 아프는 이것들 모두와 맛을, 크쉬티는 이 모든 다섯 비샤야와 냄새 인식을 자극한다. 이어지는 다음이 그 전의 것보다 하나씩 더 많은 비샤야를 자극하는 것을 알 수 있다. 이 덧보태지는 것들이 각각의 특별한 성질이다. 따라서 소리는 아카샤의, 바유는 촉각의, 색은 테자스의, 맛은 아프의, 냄새는 크쉬티의 특별한 성질이다.

따라서 이 그로스 부타들은 각기 다른 감각 자극들의 그룹으로 볼 수 있다. 물질이 아니라 에너지의 성격을 지니고 있다. 비록 그 이름들은 에테르나 공기, 불, 물, 흙처럼 물리적 존재를 암시하지만 무한한 우주에너지인 프라크리티의 유형들에 다름 아니다. 우리가 물리적 존재들이라 말하는 것들은 힌두에게는 우주에너지가 다른 유형으로 드러난 절대자에 불과한 것이다.[1] 이런 관점^{Prakriti}에서 보면, 물리적 존재는 결단코 비물질인 것이다. 물질로 보이는 것은 기만일 뿐이다.

따라서 힌두 현자들의 분석적 안목으로 보면 전체 우주는 경험의 주체와 경험의 객체로 나누어진다. 외부 대상에 대한 경험은 다섯 그룹의 감각 인식으로, 또 외부 세계 자체는 그로스 부타로 알려진 다섯 그룹의 감각 자극으로 나누어진다. 따라서

1) See Chap. XVIII.

이 분석은 순수하게 심리적인 것이고 물리적인 것이 아니다. 그러므로 그로스 부타라 하더라도, 현대 과학에서 말하는바 물리적 세계의 물질적 단위로 추정되는 기본 원소들과 혼동되어서는 안 된다. 부타는 완전히 다른 계에 속하는 것들이다. 고도로 미세한 감각 자극들이며 거의 그것만을 뜻한다.

비록 부타가 에테르, 공기와 같은 물리적 존재에 지나지 않는다고 추정한다 하더라도, 그와 같은 물리적 세계의 분류를 뒷받침하는 다음과 같은 해석은 한 번 생각해볼 수 있을 것이다.

각각의 이름들은 관련된 객체 그룹들을 암시하거나 의미할 수 있을 것이다. 예를 들어, 흙은 고체를 의미할 수 있고, 물은 액체를, 공기는 기체를 의미할 수 있다. 이 셋은 따라서 각기 다른 세 상태- 다시 말해 고체, 액체, 기체- 에 있는 모든 물질들을 커버한다. 불은 열과 가시광선의 현상[1]을 의미할 수 있고, 에테르[akasha]는 빛 파장이 지나갈 수 있는 편만한 미세 매체를 의미할 수 있다. 이 다섯 그룹의 실체들이 우리 다섯 감각을 통해 인지되는 모든 물리적 존재를 다 커버할 수 있을까? 실상 그 분류나 구획은 완전하다.

반면에, 세계를 원소나 그들의 원자들로 나누는 과학자들의

---

1) 아그니[Agni,불]는 인지를 목적으로 하는 불 및 가시광선 현상을 말하는 것으로 열과 빛 에너지를 말하는 것이 아니다. 힌두는 모든 형태의 물리화학적 생물학적 에너지를 프라나의 변형으로 본다. 다시 이 프라나는 무한한 우주에너지인 프라크리티[Prakriti]의 발현으로 본다.

분류는 이미 의미가 없다. 원자는 물질의 궁극적 구성요소로 더이상 받아들여지지 않는다. 전자니 양성자니 하는 에너지 단위로 분해되어왔다. 물리학자의 분석적 접근법으로 인해 물질에 대한 기만적인 견해가 드러나고 있다. 물질은 비물질화되어왔다. 현대과학의 이런 발견이야말로 힌두의 자연관의 확인에 한 발 더 가까이 가 있다.

우리는 각각의 부타가 서로 다른 그룹의 감각 인식 그룹들을 자극하는 것을 보았다. 공기, 불, 물, 흙에 관한 한, 이들 각각에 대한 감각 인식 그룹은 아주 질서정연하다. 하지만 에테르는 어떻게 소리를 감각하게 할까? 과학자의 에테르는 우리 일반 사람의 감각이 미치지 못하는 곳에 있다. 복사 에너지의 파동이 전달되는 매체로서 거의 상상 속의 물질을 말한다. 과학자들에 의하면, 소리는 고체나 액체 혹은 기체의 진동에 의해서만 만들어지고 그 소리 자극은 공기에 닿을 때까지 그런 물질적 매체를 통해 옮겨간다고 한다. 소리 인지의 통로에 그것을 방해하는 진공이 존재하는 것이 실험에 의해 밝혀졌다. 그 진공 속에 상상의 에테르가 있고, 거기서 소리는 단절된다. 에테르는 소리의 전달을 돕지 않는다. 따라서 어떻게 에테르를 소리 인지의 원천으로 받아들일 수 있을까?

소리 인지가 고체, 액체, 기체에 의해 자극되고 또 그것을 통해 이루어진다는 것은 힌두 경전에서 부정되고 있지 않다. 에테르의 변용인 이것들이 그 성질을 가지고 있는 한 그렇다. 여기까지는 힌두의 발견은 현대 과학과 동일하다. 힌두가 다른 의견을 가지는 것은 단지 에테르에 대해서뿐이다. 조금만 세심히 살펴보면, 힌두가 실제로 현대과학을 부정하지 않고 거기에다 부가적인 지식을 덧붙인다는 것만이 드러날 것이다.

우리에게 통상적으로 들리는 소리의 경우, 육안으로 보이는 물질에 의해 만들어지고 전파된다.[1] 이것은 소리의 그로스gross한 성질이라 불릴 수 있을 것이다. 힌두는 보통의 귀에는 들리지 않는 고도로 미세한 소리가 있다고 말한다. 따라서 역시 힌두에 따르면, 그로스한 소리의 경우, 그 전파 경로 중간에 진공(에테르를 포함하고 있는)이 길을 막고 있다.

힌두의 성자들은 에테르가 고도로 미세한 소리 인식을 자극한다고 결론지을 수 있을 경험적 데이터를 가지고 있다. 깊은 명상 상태에 들어가면 아나하타 드와니라고 알려진 소리를 듣는다. 이 소리는 아주 미세하며, 마음이 안정되고 집중될 때 들린다. 이 소리는 그로스 물체의 진동과는 아무 관련이 없다. 아나하타 드와니를 만들어내는 자극은 언제나 존재한다. 마음이 깊은 집중 상태에 있을 때면 언제나, 예민하고 정련된 청각에는 늘 들리기 때문이다. 이때 인지를 자극받을 수 있는, 가능한 단 하나의 매체라고는 에테르뿐이다.[2] 그리스 신화에서 말하는

---

1) 소리는 모든 경우, 기체(바유), 액체(아프), 고체(크쉬티) 들의 에테르 성분에 의해 만들어지고, 보다 그로스한 성분들에 의해 증폭돼 통상적인 귀에 들리게 된다.
2) 다이바 바니(하늘의 목소리), 아샤리니니 바니(형이상적인 음성) 등으로도 불리는 아카샤 바니(하늘의 음성)라는 현상은 관련된 또 다른 예에 해당한다.

천체의 음악이란 것도 그런 경험에 바탕하고 있을지 모른다. 힌두가 스포타라고 부르는, 창조 시작 때의 로고스^말에 대한 생각 역시 그 소리의 원천이자 전달자가 미세하고 편만한 매체인 에테르일 가능성을 가리키고 있다. 그 상태에서는 보다 그로스한 물체가 존재하지 않았다.

그렇다면, 에테르로부터 흙으로의 진화 체계 역시 과학의 발견과 모순되지 않는다. 이제까지 과학이 추적한 바, 우주의 진화는 열과 빛을 내는 기체인 성운으로부터 비롯되었다. 그러므로 과학자들의 우주의 시점은 힌두에 따르면 공기와 불이 함께 존재하게 된 상태를 말한다.

과학자들은 행성 생성의 과정은 성운으로부터 질량이 분리되면서 시작한다고 한다. 그리고 그 생성된 질량의 점진적인 응축과정이 뒤따른다고 한다. 기체가 먼저 액체로 응축되고 그 다음으로 고체로 응축된다고 한다. 힌두의 진화 개념에 의한 순서 역시 마찬가지다.

힌두 경전에서는 아카샤^{에테르}를 처음 발현하는 물리 단위로 본다. 이것에서 바유^{기체}가, 바유에서 아그니^{열과 빛 현상}가 나온다. 이 부분은 과학에서는 여태 언급하지 않고 있는 성운 전 상태에 해당하는 것이 분명하다. 성운이 생기기 전, 기체 물질이 먼저 생기는가, 열과 빛이 먼저 생기는가의 물음이 일어난다. 에테르는 보다 그로스한 기체 물질로 진화되고 그것들이 마찰함으로 열과 빛이 만들어질 것이다. 이치에 어긋나지 않아 아주 그럴듯해 보인다.

그로스 아카샤가 처음 드러나는 물리적 단위이듯이 그로스 프라나는 처음 드러나는 물리적 에너지이다. 에테르에 이 에너지가 작용하여 기체가 만들어지고 기체에 이 에너지가 작용하여 불이 생긴다. 전체 물리적 우주가 다 만들어질 때까지 이 과정은 계속된다. 이 에너지의 작용에 의해 아주 미세하고 균질적인 물질인 에테르는 분자를 이루는 보다 그로스한 기체 물질이 된다. 그런 후 바유에 프라나가 작용하여 그 분자들이 운동을 하게 되고 우리가 열과 불이라고 말하는 현상이 일어나게 된다. 따라서 불이 기체로부터 진화했다는 생각에 아무런 어리석음이 없다.

다음으로 탄마트라의 불활성의 부분으로부터 나오는 그로스 부타의 조성에 대해서도 알아볼 필요가 있다. 물질적 존재의 기본이 되는 그로스 부타는 그들 안에 지배적인 원칙으로 불활성을 지니고 있다. 창조기의 모습은 아주 적절하다. 프라크리티 에너지 안에 있는 불활성의 원칙에 의해 불활성의^{정지된} 물질로 모습을 드러낸다. 과학자들이 말하는바 '복사 에너지가 가득 담겨있는' 원자 개념에 들어맞지 않는가?

힌두 현자들이 우리가 진화라고 부르는 것에 대해 분명한 생각을 갖고 있었음을 지적해두어야만 한다. 요가수트라의 저자 파탄잘리는 이것을 자트얀타라 파리나마라고 불렀다. 하나의 종이 다른 종으로 전변되는 것을 말한다. 그리되는 원인에 대해 현대 과학자들은 여직 씨름하고 있지만, 그들은 명확한 답을 가지고 있었다. 하나의 종 안에 그것으로부터 모든 것들이 다 진화할 수 있는 것을 잠재적으로 지니고 있다고 말한다. 어떤 특정한 종의 원인 상태가 이미 존재하고 있는데, 적합한 상황들이 모여 출구가 만들어지면 새로운 형태로 만들어져 흘러 나오게 된다.[1] 높은 곳에 저장된 물은 적당한 구멍이 생기면 낮은 곳으로 낮은 곳으로 흘러 그 땅을 관개하게 된다. 경작자들에 의해 이런 작업은 이루어진다.[2] 여기서의 적절한 환경이란 한 종에 있던 잠재적 에너지가 뿜어나오게 하는 구멍을 만드는 것을 말하는데, 말 그대로 새로운 형태가 만들어져 새로운 종이 출현하는 것이다.[3]

아비악타로부터 스리쉬티로의 전 과정, 브라흐마로부터 가장 크고 가장 미세한 대상까지의 전 과정을 힌두는 하나의 진화로 본다. 그리고 이것은 프랄라야 동안의 퇴축 과정[4]을 통해 가능하다고 본다. 이 진화의 배후에 신의 의지[5]가 최고위 원인으로 자리하고 있다는 것도 지적하지 않으면 안 된다.

---

1) Cf. Yg. S. IV. 2. 'Jatyantaraparinamah prakrityapurat'.
2) Cf. ibid. IV. 3.
3) See Sw. Viv.'s Comp. Wks, Part I (fifth ed.) 291-293.
4) 다시 말해, 그야말로 씨앗 상태로 돌아가는 것.
5) See Chap. XVIII.

18
브라흐만다 · 3

원인으로서의 CAUSAL

우리는 스리쉬티[창조]가 아비악타로부터 비롯된 아카샤 탄마트라와 더불어 시작되는 것을 보았다. 씨앗으로부터 싹이 트는 것과 같았다. 아비악타는 아카샤로 전변되는 하나의 실체인가? 아니다. 그것은 에너지[shakti] 본성을 지닌 것이다. 신은 단 하나의 질료요, 단 하나의 실체다. 아비악타나 프라크리티는 그 신의 샥티이다.

프랄라야 시기에는 이름과 형상을 지닌 것은 없다. 시간도 없고 공간도 인과도 없다. 완전한 허공도 아니다. 신비한 힘과 함께 오로지 하나 혼자 존재한다.[1] 스리쉬티 이전에 이것 모두는 순수한 존재였다. 둘째가 없는 하나였다.[2] 그것은 생각했다. "여러 개가 될까? 나 자신을 많은 것으로 드러낼까?"[3] 그는 마

1) Cf. Rg. Vd. X. 129. 1-2.
2) Cf. Chh. Up. VI. 2. 1.
3) Ibid. VI. 2. 3; cf. Tait. Up. II. 6.

음을 낸다. "세계들을 쏟아내리라." 그리하여 이 세계들을 사출했다.[1]

신[이시와라]은 스스로의 의지로 자신의 신비한 힘을 이용하여 그 자신으로부터 우주를 쏟아내었다. 아비악타에는 우주의 무한한 형상을 쏟아내는 잠재력이 있지만 그 개개의 형태 뒤에 있는 본질은 신 그 자신 외에 다른 이가 없다. 하지만 아비악타는 신의 힘이고, 그 신은 우주를 있게 하는 기술적 원인이자 물질적 원인이다. 이것이 힌두의 으뜸된 강령인 베단타의 주장이다. 상키야, 니아야, 바이쉐쉬카, 차르바카, 바우다, 자이나 학파들은 창조에 대한 다른 이론들을 가지고 있다. 오늘날 힌두 사상의 여러 학파들은 다소간의 차이는 있지만 베단타의 관점을 받아들이고 있다.

하지만 우주에 대한 기술적, 물질적 원인인 신은 그 자신의 의지로 또 그 자신의 신비한 힘을 이용하여 이 모든 것으로 되었다. 처음에 아카샤로 되었다. 다음으로 바유라는 좀 더 변형된 것으로 나타났다. 이런 과정은 자신 스스로를 히란야가르바로 드러낼 때까지 계속되었다. 그런 후 히란야가르바를 통해 그는 거칠고 미세한 수많은 세계와 무정 유정을 포함한 그 안의 무수한 내용물로 자신을 드러내었다. 그래서 브라흐마로부터 풀잎에 이르기까지, 브라흐마로카로부터 이 지구에 이르기까지, 모든 것은 자신의 신비한 힘에 의해 자신으로부터 사출

1) Cf. Ait. Up. I. 1. 1-2

된, 특정한 이름과 특정한 모양을 한 옷을 입고 있는 그He다.

그가 이 모든 것들로 실제로 변형된 것일까? 어떤 베단타 학자들은 그렇다고 말한다. 모든 흙 항아리들이 진흙에서 만들어졌듯이, 모든 금장식품들이 금에서, 모든 철 도구들이 철에서 만들어졌듯이 우주에 있는 무수한 것들은 신을 재료로 하여 만들어졌다. 거품과 주름과 파도가 바닷물의 변형이듯이 이 모든 것들이 신으로 만들어진 것이다. 이 학파에 의하면, 신 자신이 그의 의지에 의해 말 그대로 이 우주가 되었고 그 우주 안으로부터 영으로 다스린다고 한다. 이 이론은 비쉬쉬타드바이타^{조건부 불이론} 학파에서 파리나마바다로 알려져 있다. 오늘날 모든 예배 의식, 특히 바이쉬나바 예배가 이 관점과 다소간 궤를 같이한다.

이와는 달리 아드바이타^{불이론적} 베단타학파에서는 실제로 전변이 일어나는 것은 아니라고 말한다. 브라흐만은 불변이며 영원히 그대로 남아있다. 우주는 실제로 사출된 것이 아니라 겉으로 드러난 것이 그렇다는 말이다. 이름과 모양을 통해 또렷한 실체로 드러난 것처럼 보이지만 그것은 환영이란 말이다. 그것들은 절대적인 존재가 아니다. 환영을 통해 우리는 밧줄을 뱀으로 본다. 우리가 어떻게 보든 그것과 무관하게 밧줄은 전혀 영향 받지 않는다. 마찬가지로 브라흐만은 우주에 대한 우리의 착각에 전혀 영향을 받지 않는다. 우리가 우주를 볼 때의 일종의 최면 상태에 의한 것이다. 그 상태가 끝나면 니르비칼파 사마디에서처럼 모든 것은 불변의 브라흐만으로 녹아들어 간다. 마치 소금 덩이 하나가 바닷물에 들어가면 소금 덩이가 없어져 버리듯이.

아비악타, 프라크리티, 마야 등으로 알려진 신의 신비한 힘에 의해 착각 속의 이름과 형태들이 배출된다. 이 힘의 본성은 무지이다. 아바라니 샥티^{가리는 힘}와 비크세파 샥티^{사출하는 힘}의 두 요소로 구성되어 있다. 앞의 것은 실재를 감추고 후자는 착각의 이름과 형태를 배출하여 실제와는 다른 것으로 드러나게 한다. 이 신비한 힘은 우주의 온갖 무한한 형태를 사출하는 가능성을 스스로의 안에 갖추고 있다. 마치 조그만 씨앗이 장대한 보리수나무의 형상을 담고 있는 것과 같다. 앞선 주기의 모든 개체들의 욕망, 경험, 행위의 과실 등이 붕괴 기간 중에 잠복되어 있는 곳이 바로 이 아비악타^{avyakta}이다. 또한 이것들이 다음 주기에 아비악타를 통해 사출될 모든 형상들을 결정하는 것이다.

따라서 이 학파에 따르면, 우주는 상대적인 존재일 뿐, 절대적인 존재가 아니다. 우리가 무지의 마법에 걸려 있는 동안만 존재한다. 그 무지의 마법을 벗어나 최상의 실재에 대한 완전한 지식을 얻는 순간, 다시 말해 그것과 하나가 되는 순간, 우주는 존재하기를 그친다. 이 진리는 경전에 의해 선언되어 있고, 현자들의 깨달음을 통해 확인되고 있다. 꿈속에서의 모든 물건과 일들이 꿈을 깨면 한꺼번에 없어지고 무의미해지는 것처럼, 진실한 자신을 발견하게 되면 이 우주는 그 안에 있는 모든 것들과 함께 사라진다. 그때 실재하는 것이 무엇인지에 대한 완전한 각성이 이루어진다. 이렇게 비교할 때, 우주는 한 꿈에 다름 아니다.

꿈을 꾸고 있는 동안, 꿈속의 물체들은 아주 생생하다. 이와 마찬가지로 마법에 빠져 있는 동안, 우주와 그 안의 내용물들은 아주 생생하고 실재적이다. 하지만 절대적 실재를 향해 잠을 깰 때, 이 모든 것들은 가치도 의미도 존재도 없어진다. 따라서 우주는 외관상, 착각으로, 상대적인 의미에서 존재한다. 이와 동시에 절대적인 의미에서는 존재하지 않는다. 밧줄에서 뱀을, 사막에서 신기루를, 꿈속에서 어떤 광경을 보는 것과 같은 것이다.

이렇듯이, 브라흐만에게 주어진 이름과 형상이 환영이고 이런 이름과 형상을 사출시키는 것인 아비악타 혹은 마야 역시 환영적이다. 우주와 마찬가지로 그 우주를 사출시키는 힘인 마야는 절대적으로 존재하는 것도 아니고 존재하지 않는 것도 아니다. 정의내리지 못할 어떤 것이다. 마야라 불리는 그런 이해할 수 없는 힘의 도움으로 우주는 사출된다. 누구에 의해? 전지하고 편만한, 마야의 주인인 이시와라에 의해. 이시와라는 마법사이다. 마야는 마법사의 주문이다. 우주는 그 자신만을 재료로 하여 그 자신 위에 사출하여 만든 하나의 환영이다.

영화 스크린 위에 보이는 여러 물건들은 무엇으로 만들어지나? 모두가 빛으로 만들어진다. 물, 불, 흙, 식물, 자동차, 생물, 그리고 스크린 위에 보이는 그 밖의 모든 것들은 빛이다. 단지 빛뿐이다. 빛과 그 빛의 부재인 그림자로 그 전체 환영이 만들어진다. 영사기에서 필름 뒤에서 비치는 빛 그 자체는 하나의 형체 없는, 빛나는 방사放射일 뿐이다. 필름이 거기 없으면, 그저 균일하게 빛나는 스크린만을 보게 된다. 필름은 빛이 그저 지나가게 하지 않는다. 어느 부분은 지나가고 어느 부분은 빛을 막는다. 필름에 의한 빛의 차단은 그늘을 만들고 이런 어두운 그늘들에 의해 스크린에 여러 가지 다양한 물체들이 나타난다. 나아가 스크린 위에 영화의 움직임으로 나타나는 환영 역시 빛의 움직임에 의한 것이 아니라는 점이 지적되어야 한다. 필름의 운동에 의한 그림자의 재배치에 의해 만들어지는 것이다. 필름이 움직임에 따라 그 필름을 통과하는 빛이 새로운 방식으로 차단되는 것이다. 빛은 지속적으로 비치고 그림자는 순간순간 변한다. 이리하여 환영적인 움직이는 화면이 만들어지는 것이다.

우주라는 환영도 거의 이와 같이 만들어진다. 신은 영사기의 빛과 같고, 마야는 필름과도 같다. 마야를 통해 신은 이름과 형상이라는 무한한 그림자로 다양화하고 구체화되어 나타난다. 하지만 실제로 자신은 아무런 변화도 없다. 만일, 영화에서 스크린 자체가 빛이고, 그 스크린 내부에 그림자를 다양화할 수 있는 능력이 있다면 이 비유는 완전한 비유가 될 것이다. 신은 마야라는 힘을 사용하여, 우주라는 환영을 자기 자신에게 배경으로 입히기[던지기] 때문이다. 마야는, 신의 실체를 숨기고 단지이름과 형상이라는 무한한 그림자를 만드는 것만으로, 신이 우주로 나타나게 만든다. 이름과 형상은 스크린 위의 그림자들이그렇듯, 실체 없는 것이다.

우리의 비유를 좀더 진전시켜 보자. 스크린 위의 환영적 광경의 원천을 알고 싶어 하는 관객은 어떤 자세를 취할까? 스크린에서 몸을 돌려 영사기를 향할 것이다. 그리하여 필름과 그뒤의 빛의 조합에 의해 그 환영이 만들어지는 것을 알게 될 것이다. 마찬가지로, 수많은 현자들은 이 환영적인 우주에 등을돌리고, 그것의 원인을 마야라는 신비한 힘을 지닌 전지전능한파람이시와라parameshwara에서 찾았던 것이다.

어떤 현자는 한 걸음 더 나아간다. 마야가 그의 이름과 형상과 함께 완전히 없어져버리면, 이름과 형상과 속성이 없는 하나의 존재만 남게 된다. 이 존재는 두 번째(마야와 연계하여 파람이시와라로 따로 나타나는)가 없는 단 하나의 지고의 실체, 절대적인 실재이다. 우리가 무지avidya 속에 있는 동안은, 따라서 우주를 보는 동안은, 이 절대적 실재(파라브라흐만, parabrahman)는, 우주라는 환영을 사출하고 지시하며 관리하는 마야라는 신비한 힘을 구비한 파람이시와라로 모습을 드러낸다.

이것이 우주의 만들어짐에 대한 아드바이타[불이론] 학파의 설명을 간단히 요약한 것이다. 브라흐만의 변화와 불변은 꿈과 환영에 대한 비유로 설명된다. 하지만 이 과정을 설명하는 마야는 실재하는 것도 비실재하는 것도 아닌, 정의될 수 없는 것으로 말해진다. 절대 이해될 수 없는 것이다. 브라흐만에게 변화와 불변이 동시에 있는 것을 우리가 절대 이해할 수 없듯이, 서로 반대되는 것의 조합을 결코 이해할 수 없다. 하나의 모순을 해결하기 위해 또 다른 모순에 기댔던 것은 아닐까? 스리쉬티의 신비는 여전히 우리의 파악능력을 벗어나 있는 것은 아닐까?

그렇다. 그 근본 성격 때문에 영원히 그런 상태에 머물 것이다. 창조와 생성에 대한 신의 열망과 그것을 향한 첫 단계들은 영원한 신비로 남을 수밖에 없다. 이것들은 자연 현상계의 일이 아니다. 시간도 공간도 인과관계도 없는 상태에서 일어나는 일이기 때문이다. 시간이나 공간, 인과관계는 존재하기 전이었다. 그런 것들에 대한 왜 어떻게의 질문은 생길 수도 없었다. 절대자는 우리 마음과 발언의 한계 너머에 있고, 창조를 위한 첫 발아 역시 그럴 수밖에 없다.

리그베다는 스리쉬티[창조 생성]의 신비성이 지닌 불가해한 성격을 지적하면서 다음과 같이 적고 있다. "이런 복합적인 대창조가 어디서부터 진행되었는지 누가 철저하게 알며 누가 정확하게 기술할 수 있을까? 신들마저 스리쉬티 이후에 나타났다. 따라서 창조가 어디서 비롯되었는지 누가 알겠는가?"[1] 분명히 아

1) Rg. Vd. X. 129. 6.

무도 모른다. 신은 자기 의지에 의해 이 모든 것들을 자기로부터 사출했다는 사실은 경전에 나와 있고 현자들은 깨달음을 통해 안다. 이 사실은 우리의 이해의 한계를 넘어 있기 때문에 그냥 어떤 합리화를 통해 풀어보려 한다면 절대 해결되지 않는다. 영원히 불변인 하나의 존재가 끊임없이 변하는 수만 가지 모습의 우주의 바탕이 된다는 아이디어에 우리의 사고는 비틀거릴 수밖에 없을 것이다. 하지만 사실이 그렇다. 우리는 이것을 사실로 받아들여야만 한다. 인간의 논리로는 결코 설명될 수 없다. 스리쉬티에 대한 왜 어떻게의 의문은 인간 지성으로는 답할 수가 없다. 스와미 비베카난다의 말처럼, 반대되는 것을 제시함으로써 우리의 이해를 좌절시키는 이 사실이 마야다. 신에게는 영원히 불변으로 남아 있는 것이 가능하다. 하지만 자신의 의지에 의해 우주를 사출하고 유지하며 또 붕괴시키는 것도 가능하다. 그런 것이 신의 불가해한 본성이다. 그런 것이 그의 신비한 힘이다. 왜 어째서 그리되는가 하는 의문으로 괴로워할 필요가 없다.

하지만 스리쉬티에 대한 진실은 신에게 가까이 다가가 보면 알 수 있을 것이다. 신을 앎으로써 창조에 관한 모든 것을 깨닫게 될 것이고 모든 수수께끼는 풀릴 것이다. 힌두교 안에서의 서로 다른 종교적 사고 체계의 목적은 그 추종자들로 하여금 이러한 깨달음으로 이끄는 데 있다. 그 추종자들에 의해 주창되는 각기 다른 버전의 스리쉬티의 형언할 수 없는 신비는, 그들에 의해 고안된, 깨달음을 향한 각기 다른 접근법과 잘 맞아 떨어진다. 이들 중 그 어떤 것도 스리쉬티의 초월적 신비에 대한 총체적인 진실을 보여주지는 못한다. 하지만 각각의 것들은 신에 대한 깨달음을 향한 개개의 독특한 취향과 이해력을 지닌 인간적 부면들을 그려내는 실용적인 가치를 지니고 있다. 이런 면에서, 부정확하거나 불필요한 것은 하나도 없다.

19
지바
영혼

살아 있는 존재

앞서의 여러 주제들에서 지바[jiva]라는 단어를 여러 번 만나왔다. 무엇을 뜻하는지에 대한 생각을 이미 가지고 있을 것이다. 이제 조금 더 자세히 알아보자.

글자 뜻으로 보면 '지바'는 살아 있는 존재를 뜻한다. 자연에서 생명을 갖고 있는 여하한의 존재는 넓은 뜻에서 지바라 불린다. 그리고 살아 있는 존재가 거처하는 곳으로서의 자연에 대한 힌두적 의미는 보다 광범위하다. 지바가 살아가는 곳으로서의 세계는 거시적, 미시적 세계를 포함하여 수없이 많다. 지바는 아메바, 식물, 동물, 사람, 신령 등이 모두 될 수 있다. 히란야가르바와 같은 최상위의 신령 역시 하나의 지바다. 창조 때의 모든 지바를 일컬을 때 힌두 경전에서 가장 흔히 쓰이는 표현은 '브라흐마로부터 풀덤불까지'이다.[1] 사실 수많은 세계를 아우르는 브라흐만다는 무한한 종류의 살아 있는 존재의 거처

1) 'A-brahma-stanba-paryantam'.

로 여겨진다.

지바는 움직일 수 있는 것^{chara}이기도 하고 움직일 수 없는 것 ^{achara}이기도 하다. 힌두 현자들이 발견한 바에 따르면, 모든 지 바는 움직이는 것이건 움직이지 못하는 것이건, 식물이건[1] 동 물이건 신격이건, 감각을 통해 세계를 경험할 수 있는 존재들 이다. 생명을 가진 모든 것은 의식 또한 지니고 있다. 식물과 동물의 차이는 그들이 지닌 의식의 등급(단계, degree)에 있다. 모든 지바는 의식을 지닌 존재이며 고통과 쾌락의 지배를 받는 다. 쾌락과 고통은 행위와 경험의 주제다. 이것들이 지바의 두 드러진 특징들이고, 이 특징에 우주의 전체 메커니즘이 생생하 게 연결되어 있다.

우리는 카르마의 엄격한 법칙에 의해 행동이 경험과 연결되 어 있는 것을 보아왔다. 지바가 고통이나 기쁨의 형태로 경험 하지 않으면 안 되는 것들은 그 어느 것이든 그의 과거 생들에 스스로 행한 일들의 결과물에 틀림없다. 행위의 과일들을 거두 기 위해 이생 저생을 넘나드는 것이다. 심지어 프랄라야^{붕괴}의 기간에도 잠복 상태에 들어가 있다. 새로운 스리쉬티가 일어나 는 것, 그래서 우주가 사출되는 것도 지난 생들의 행위의 결실 을 위한 것이다. 실로 지바야말로 무대의 중앙을 차지하고 있 어서, 세상의 모든 다른 것들은 지바의 행위와 경험을 위해 의 미가 있다.

1) 'Antahsamjna bhavantyete sukhaduhkkasamanvitah'

생명체들^{지바}은 그들의 이름과 형태뿐 아니라 지력과 행위력에 있어서도 저마다 다르다. 이들 중 최고의 위치에 있는 자인 히란야가르바가 지닌 힘은 무한하다. 반면, 아메바의 힘은 지극히 작다고 잘 알려져 있다. 제한된 지력과 행위력을 지녔다고 할 인간마저도, 아메바에 비하면 이 힘에 관한한 무한대로 상위에 있다. 인간과 아베마 사이의 이 헤아릴 수 없는 간극은, 실제로 무수하게 다양한 지바들 사이에서 발견된다. 마찬가지로 인간과 히란야가르바 사이의 간극은 헤아릴 수 없고, 이 간극 사이는 무수하게 다양한 지바들로 가득 채워져 있다. 힌두 경전은 실제로 그렇다고, 이 세계 밖에 살고 있는 초인간적 존재의 무수한 계^界가 있다고 주장한다.

전혀 무리한 얘기가 아니다. 경전의 말들은 실제 관찰에 기반을 두고 있다. 통상적으로 그런 존재가 보이지 않는다는 것이 그들이 존재하지 않는다는 증명이 되지 않는다. 우리 눈에 미생물 역시 보이지 않는다. 하지만 미생물은 신화가 아니다. 현미경으로 볼 수 있기 때문이다. 마찬가지로 이 초인간적 존재는 요기의 눈을 통해 관찰할 수 있다. 현미경을 마련하는 데 수고가 필요한 것처럼 요기의 강력하고 명료한 눈을 개발하는 데도 수고가 필요하다. 하지만 이런 존재들이 있다는 사실은 그런 관찰에 기반하기 때문에 신화가 아닌 것이다.

인간과 브라흐마 사이에 있는 이런 지바들은 우리가 있는 이 세계와는 다른 여러 세계들에 거주한다. 이 세계들에 거주하는 존재들은 스스로 공통된 이름을 가지는 하나의 계층을 형성한다. 힌두 경전에는 다음과 같은 이름들을 언급하고 있다. 야크샤, 사디아, 킨나라, 간다르바, 데바 등이다. 특히 끝의 두 계층은[1] 그 내부가 보다 세분되어 있으며, 각각의 독자적 세계를 가지고 있다. 하지만 초인간적 지바들에 대한 목록은 몇몇만 나와 있지 모든 것이 다 나와 있지는 않다.

지바들이 살고 있는 세계들에 대한 목록도 마찬가지다. 우리 세계 프리티비^{prithivi}는 중간에 놓여 있다고 적혀 있다. 그 위와 아래에는 다른 많은 세계들이 있다고 말한다. 각각 스와르가, 마르타, 파탈라로 불리는 상중하 세 지역으로 구성된 브라흐만다는 트리부바나(tribhuvana, 3세계)로 불리기도 한다. 하지만 보다 자세한 목록에는 열 넷의 세계가 나온다. 이 세계보다 위에 일곱 개, 또 아래로 일곱 개의 세계가 있다.[2] 어떤 우파니샤드에는 상계의 세계들이 다른 이름들로 언급되고 있다.[3] 앞 목록에 나온 세계와 일치되지 않을 수 있는데, 또 다른 위치에 있는 세계들을 언급하는 것일 수 있다. 어떻든 두 목록의 가장 높은 곳의 세계인 사티야로카와 브라흐마로카는 동일한 것이다. 그러나 때때로 상계는 피트리로카, 데바로카, 브라흐마로카의 세 우두머리로 뭉뚱그려지기도 한다. 어떤 목록도 전체를 다 말하

1) Cf. Tait. Up. II. 8.
2) Cf. Ved. Sar. 104.
3) Cf. Kau. Up. I. 3.

190

고 있지는 않고, 각각의 목록은, 브라흐만다는 무수히 세분되어 있고 그중 불거진 몇 개만 언급하는 듯한 인상을 준다.

이와 연관된 힌두의 다른 사상을 언급할 필요가 있다. 각각의 세계는 거기를 관장하는 신이 있어서 대체로 신의 이름을 따라서 세계의 이름이 붙는다. 따라서 두 번째 목록에 나오는 일곱 상계上界는 각각 아그니, 바유, 바루나, 아디티아, 인드라, 프라자파티, 브라흐마라는 신에 의해 주관된다. 다른 모든 세계들 역시 각기 별개의 신이 있다.

힌두에 따르면 의식意識이야말로 전체 우주에 두루하는(퍼져 있는, 충만해 있는) 영원한 진실이다. 미세한 부타^{tanmatra}로 이루어진 안타카라나^{antahkarana}는 신비$^{미세, 영적}$한 메커니즘을 통해 내면의 세계에서 드러난다. 이것 역시 편만해 있는데 첫 우주적 존재인 히란야가르바의 몸에 다름 아니다. 행위 등은 눈에 보이는 물리적 메커니즘에 의해 이루어지는데, 이것 역시 비라트의 몸으로 하나의 완전한 전체로서 기능하며, 전체 물리적 우주에 편만해 있다.

신은 처음에 히란야가르바로, 다음에 비라트로, 그 다음은 그 자신을 여러 다른 신들과 모든 다른 지바들로 세분한다. 이것이 신이 그의 마야로 다수가 되는 방식이다. 개개의 지바는 단지 비라트의 일부분이다. 그 자신의 분별되는 자아를 지니고 있다는 점이 다를 뿐이다. 사람의 물리적 몸 안에 무수한 세포가 살고 있는 것처럼 무수한 지바가 비라트의 편만한 몸 안에 있다. 이런 것이 힌두의 대담한 개념이다. 실상, 1) 의식, 2) 생명과 마음의 신비 영역의 메커니즘, 3) 행위의 눈에 보이는 물리적 메커니즘 들의 이 셋은 모든 곳에 퍼져 있다고 하며, 하나의 지바로 나타나기 위해 필요한 것들은 우주의 모든 곳에 다 들어 있다.

의식(意識, soul, 영혼)

살아 있는 존재는 감각과 경험이 가능한 요소와 감각과 경험이 불가능한 요소가 복합되어 있다. 경전에 지바라고 특정되는 것은, 피조물들 가운데서 감각과 경험 원칙에 따르는 것을 이른다.

마음, 감각기관, 물리적 몸과 구분되는 것이 의식이다. 살아 있는 존재의 본질적인 부분이 이것이다. 집이라면 주인이다. 마차라면 타고 있는 사람이다.[1] 스스로 빛을 낸다.[2] 의식은 존재의 본질이요 정수다. 의식만이 살아 있는 존재를 구성하는 감각과 경험 원칙이다. 따라서 이것이 지바 그 자체이다.

의식은 세 개의 몸으로 둘러싸여 있는데 눈에 보이는 것부터 눈에 안 보이는 순으로 들면 다음과 같다. 눈에 보이는 물리적stuhla, 눈에 보이지 않고 미세하며 신비한sukshma, 그리고 원인적karana의 셋이다. 물리적 몸은 눈에 보이는 부타bhuta로, 눈에 보이

---

1) Cf. Ka. Up. I. 3. 3.
2) Cf. Bri. Up. IV. 3. 7.

지 않는 몸은 탄마트라 혹은 눈에 보이지 않는 부타로 만들어져 있다. 부타로 이뤄져 있는 이라는 뜻의 바우티카^{bhautikas}로 불려지는 이유이기도 하다. 원인의 몸^{causal body}은, 아비약타^{avyakta}로 불리는 밖으로 드러나지 않는 우주에너지의 지극히 작은 한 부분이다. 이것에 의해 부타와 바우티카가 눈에 드러나는 형태가 된다. 아비약타 역시 감각과 경험 없는 형태이기 때문에 이들 셋, 스툴라 숙쉬마 카라나 모두 감각과 경험 없는 몸들이 된다.

원인의 몸에는 모든 피조물의 특징과 경향들이 이를테면 씨앗의 상태로 저장되어 있다. 씨앗이 나무와 그 원인의 관계로 연결되어 있듯이 이 원인의 몸은 어떤 피조물의 생명과 경력의 원인으로 연결되어 있다. 원인의 몸이라 불리는 이유가 이것이다.

미세한(눈에 보이지 않는) 몸은 세 부분으로 나뉘는데 비기아나마야, 마노마야, 프라나마야 코샤의 켜(덮개)다. 각각 지식, 인지, 생명력이 자리하는 곳이다. 처음 것은 부디(지적 능력)와 지식의 다섯 감각기관으로, 둘째 것은 마음과 다섯 감각기관으로, 셋째 것은 다섯 프라나^{prana}와 다섯 행위 기관들로 이루어진다. 이것들은 모두 지바가 지식과 행동 부분에서 마음 내키는 대로 쓸 수 있는 미세 영역의 도구들이다.

물리적 몸은 전생들 동안의 행위와 지식들에 의해 결정되어 지바에 의해 만들어진다. 미세한 몸이 카라나(karana, 원인, 매개물)로 불리는 데 반해 카리아(karya, 행위, 활동)로 불리는 이유이다. 이 두 몸의 조합은 카리아-카라나-삼가타로 알려져 있다. 하지만 몸을 만드는 데 주로 사용되는 도구는 프라나(활발 에너지)이다. 보통 다른 여러 기능에 따라 다섯 개로 불리지만 실제로는 하나이다. 프라나는 앞선 생 동안에 마음에 저장된 인상들samskaras에 의거하여 지바에 의해 지시받는다. 물리적 몸을 구성하는 재료들은 지바가 그 당시에 속해 있는 세계에서 얻을 수 있는 음식을 통해 모은다. 이 눈에 보이는 물리적 몸과 장기들을 통해 지바는 물리적 우주와 접촉하면서, 그것과 작용과 반작용을 주고받는다.

의식(영혼, soul)을 둘러싸고 있는 이 세 몸들에는 생명이 없다. 의식만이 감각이 있고 경험을 한다. 이 의식을 일러 경전에서는, 홀로 움직이는, 밝게 빛나는 무한한 존재라고 말한다.[1] 부타나 바우티카같이 만들어진 존재가 아니다. 신 그 자신이 피조물의 이 의식으로 드러나는 것이다. 경전은 말한다. "신이 이 모든 것을 만들었다. 우주에 있는 그 모든 것을 만들었다. 그것을 만들고 난 뒤, 신은 그것 안으로 들어갔다."[2] 생명 없는 그 원인의 몸, 눈에 보이지 않는 몸, 눈에 보이는 물리적 몸을 다 사출하고 난 뒤, 신은 그것들의 의식으로서 그것들 모두 안으로 들어갔다. 기타에서 크리슈나는 말한다. "참으로 살아 있는 모든 것들의 지바(의식)는 나 자신의 한 부분들로 비롯되었

1) Cf. ibid. IV. 3. 1 1.
2) Tait. Up. II. 6.

다."[1] 이것이 의식(영혼, jivatman 혹은 줄여서 jiva)을 일러 태어남
이 없고 죽음이 없고 영원한 것이라 말하는 이유다.[2] 지바(의
식)는 참으로 브라흐만(지고의 자아)이며 그것 아닌 다른 것이
전혀 아닌 것이다. '참으로 이 위대한 아트만(의식)이야말로,
태어남과 쇠망과 죽음이 없고 모든 두려움으로부터 자유로운
불멸의 브라흐만이다.'[3]

그런 모든 경전들의 가르침으로부터, 비쉬쉬타드바이타^{조건}
^{부 불이론} 베단타학파는 의식^{지바}이야말로 진실되고 다른 것으로부
터 독립된 영원한 작은 한 조각, 이를테면 신의 한 부분이라고
결론지었다. 불꽃 하나와 불의 관계가 지바와 이시와라^신의 관
계와 같은 것이다. 전지하고 전능하며 편재하다는 근본적인 신
성을 똑같이 지니고 있는데, 그 신의 극미한 한 부분이라는 사
실만이 다를 뿐이다. 사악한 행위의 결과로 인해 지바는 불순
해지고 조그맣게 수축됐다고 한다. 근본적 신성은 잠시 동안
억제되었다. 하지만 적절한 영적 수행을 통하면 서서히 확장되
어 근원적 신성을 완전히 발현하게 된다. 그리하면 신의 현존
과 신과의 동행 속에서 영원한 축복을 누리며 자유롭게 된다.
이런 설명이, 의식과 속박과 해방에 대한 박티학파의 사상이라
대체적으로 말할 수 있다.

1) Gita XV. 7.
2) Cf. Ka. Up. I. 2. 18.
3) Bri. Up. IV. 4. 25.

그러나 아드바이타^{불이론적}베단타학파의 관점은 이 학파와는 다르다. 한 개인의 의식은 위대한 신의 한 부분처럼 겉으로 보이지만, '모든 두려움으로부터 자유로운' 모든 곳에 다 퍼져 있는 '불멸의 브라흐만'과 절대적으로 똑같은 것이라고 단언한다. 우파니샤드의 경우, 모두가 다 지바와 브라흐만의 이런 동일성을 가르치고 있다. 아트만이 진정 무엇인지를 알고 나면 사람은 해방될 수 있다고 하는 이유가 바로 이것이다. 한 개인으로서의 지바가, 무지에 의해, 자신이 신과 우주의 다른 모든 것과 구별되는 한 작은 개체라고 잘못 알고 있는 한, 그 사람은 속박되어 있는 것이다. 적절한 영적 수행을 통해 자신이 최고의 자아(파람아트마, paramatma)와 동일함을 알게 될 때, 그때에, 오직 그때에만, 삼사라(윤회, samsara)로부터 해방되는 것이다. 그렇기 때문에, 경전은 명한다. "아트만을 알아야 한다. 들어서 알아야 한다. 그것에 대해 숙고해야 한다. 명상해야 한다."[1]

영혼^{의식}은, 무한한 현존의 바다로서 의식으로서 축복으로서, 그 하나만이 영원히 존재하는, 저 위대한 하나^{parabrahman}에 다름 아니다. 아비악타^{avyakta}로부터 나온 그 나머지 것들은 모두가 상대적인 존재들일 뿐이다. 무지의 상태가 계속되는 동안만 존재하는 것들이다. 자기에 대한 지식을 알게 되는 새벽이 되면 마치 꿈처럼 사그라져버린다. 존재하는 것으로 관찰될 때까지만, 눈에 보이는 것이든 안 보이는 것이든 간에 일련의 무수한 물

1) Ibid. Ⅱ. 4. 5.

질적 매개체로 기능한다. 또한 이것들을 통해 우주 영(universal spirit, 파람아트만)은 무수한 개별 지바로 나타난다. 개별 매개체는 각각의 구조에 따라, 무한하고 형태 없는 실재를 제한되고 형태 있는 모양으로 드러낸다. 이 매체들을 일러 제한적 부가물을 뜻하는 우파디^{upadhis}라 부르는 이유이다.

우파디로서의 아비악타를 통해, 위대한 하나^{One}는, 이시와라로 전지전능한 창조와 유지와 붕괴의 신으로 나타난다. 이시와라의 뜻과 명령에 따라 프랄라야 동안의 아비악타는 자기 안에 있던 잠재 상태의 눈에 보이지 않는 우파디^{부가물}들을 밖으로 던져내며, 이들을 통해 신은 개개의 지바로 나타나게 된다.

우주적 지적 능력(사마슈티 부디, samashti buddhi)의 가리개^{upadhi}를 통해 신은 히란야가르바로 나타나고, 개체적 지적 능력(비아슈티 부디, vyashti buddhi)에 의해 신은 여느 다른 존재들로 나타난다. 같은 해라도 여러 가지 다른 빛깔의 유리를 통해 보면 여러 해로 달리 보이듯이, 동일한 신도 개개의 부디^{buddhi}라는 다른 가리개를 통해 무수한 개개의 지바로 타나나는 것이다.

부디(buddhi, 지적 능력)는 지식과 행동을 위한 가장 미세한 물질적 도구이다. 부디는 눈에 보이지 않는 몸(슉쉬마 샤리라, sukshma sharira)의 지식의 방을 차지하고 있는데, 이 방은 심장^{hridaya}에 의해 관장되는 영역에 위치한다. 어른의 엄지만한 크기로 육체적 몸의 모습을 닮았다고 한다.

부디는 그것 자체로는 감각과 경험의 능력은 없지만, 모든 것에 퍼져 있는 신의 의식에 의해 비춰지는 성질을 가지고 있다. 마치 해의 빛을 반사하여 밝아진 달이 독립적으로 빛을 내는 것처럼 보이는 것처럼, 부디 역시 모든 곳에 퍼져 있는 신의 의식에 닿아 한 개체의 그것 자체의 독립된 의식처럼 나타난다. 의식의 원천은 신 그 자체에 다름 아니다. 부디는 오직 빌려온 감각 능력과 경험 능력으로 빛날 뿐이다. 신의 반사된 이미지 하나를 붙잡은 것일 뿐이다.

우리가 알 듯이, 이미지는 빛의 반사에 의해 만들어진 환영일 뿐이다. 원래의 원본에서 나오는 빛의 복제를 반사 매체 안에서 본다. 그것을 이미지라 부른다. 예를 들어 수면은 햇빛을 반사하여 빛의 진로를 다른 방향으로 바꾼다. 이때, 빛이 물로부터 직접 나온 것이라는 인상을 받는다. 수면 안에 있는 그 방향에서 우리는 해의 복제를 본다. 이 환영적 복사물을 우리는 해의 이미지라 부른다. 부디 안에서 보는 신의 이미지는 그런 환영적 현상이다.

브라흐만은 편재하며, 영원히 한결같고, 절대적으로 변함없는 의식이다. 부디(buddhi, 지적 능력)는 절대적으로 무감각한 것인데, 말 그대로 신의 의식의 한 조각을 반사한다. 이로 인해 부디 자체가 독자적인 작은 의식의 원천인 것 같은 잘못된 인상을 만든다. 이 부디 안에 있는 의식의 환영적인 작은 원천을 신의 이미지라고 말한다. 사실, 경전에서는 이것이 지극히 작은 크기라고 적혀 있다.[1] 실상 무한한 신이 자신을 무수히 많은 지극히 작은 의식[영혼]으로 쪼개서 모든 피조물의 비기아나마야 코샤 안에 따로 따로 거하지는 않는다. 신은 개개의 개체적 지적 능력을 통해 그렇게도 많은 작고 독립적인 의식[영혼]으로 보일 뿐이다. 마치 하나의 같은 해가 여러 다른 수면에 많은 이미지로 나타나 보이는 것과 같다.

살아 있는 존재의 체제 안에 있는 유일한 감각과 경험 원칙이 바로 이 신의 이미지, 지적 능력이 차용해서 가지고 있는 이 의식이다. 이것이 지바아트만[jivatman], 지바 그 자체이다. 피조물의 에고가 즉각적으로 가리키는 것은 이 신의 이미지이다. 어떤 사람이 '나'라고 말할 때 뜻하는 바가 이것이다. 이것이 아트만[atman]이다. '지적 능력과 자신을 동일하게 여기는 무한한 하나(무한자 신)가 모든 감각기관들 가운데서 스스로 빛나는 존재로 가슴 속에 살고 있다.'[1]

한 피조물의 체제에서, 이 지적 능력으로부터 밖으로 나온 그 밖의 모든 것들은 그 지적 능력의 도구다. 그것들은 모두가 그들 자체로는 감각과 경험이 불가능한 죽은 것들이다. 그들은 영혼[의식]과의 접촉을 통해서만 의식적 존재로 빛을 내는 것으로 보인다. 쇳조각을 불에 넣으면 뜨겁고 빨갛게 되어 열과 빛을 방사하고 마치 불 자체로 보인다. 마찬가지로 지적 능력[지성]과 마음, 감각기관과 심지어 육체적 몸까지 의식[영혼]과 닿으면 의

1) Esho'nuratma. 원자 크기의—Mund. Up. III. 1. 9.

식 있는 존재로 보인다.

도구들이 의식을 가진 영혼에 의해 이처럼 조명되면 그것들은 작동하기 시작한다. 내적 도구 중에서 가장 미세한 지적 능력buddhi은 처음에 모든 곳에 퍼져 있는 신의 의식에 의해 조명된다. 지성이 스스로의 안에 신의 이미지를 지니고 있다고 얘기되는 이유이기도 하다. 하지만 이렇게 조명되면 이 지적 능력은 행위와 경험의 주체로 작동하기 시작한다. 지성에 의해 반사된 의식 그 자체가 작동하는 것처럼 착각될 수 있다. 마치 태양은 움직임 없이 있지만 수면에 비친 태양의 이미지는 파도와 함께 춤추는 것으로 보이는 것처럼, 편재한 의식인 브라흐만은 영원히 한결같이 있지만 지성에 나타난 그의 착각된 이미지는 지성이 움직이고 작동할 때, 영혼의식이 그렇게 하는 것처럼 나타난다. 의식은 행위하지도 경험하지도 않는다. 지성과의 착각된 동일화 때문에 그리 보일 뿐인 것이다. 영혼의식을 일러 비기아나마야로 부르는 이유이기도 하다. 하지만 의식으로서의 영혼 그 자체는 신 자신에 다름 아니며, 지성에 생명을 불어넣어, 깨어 있을 때나 꿈꿀 때나 깊은 잠을 잘 때나를 막론하고 모든 것을 보고 있는 영원한 관찰자로 따로 서 있다.

따라서 한 몸 안에 두 존재가 드러난다. 행위와 경험의 주체로서 의식에 의해 생명이 주어지고 그것과 동일화되는 지성知性이 그 하나이고, 순전한 관찰자목격자로서의 의식이 다른 하나이

1) Bri. Up. IV. 3. 7.

다. 이 둘, 행위하고 경험하는 자아[지바]와 목격자 자아[이시와라]를 우파니샤드에서는 다음과 같이 아름답게 그려내고 있다. 같은 나무에 나란히 앉아 있는 같은 이름의 한 쌍의 새. 한 마리는 맛있게 과일을 먹고 있고, 다른 한 마리는 그저 물끄러미 바라보고 있다.[1] 같은 지성 안에 살고 있는 어둠과 빛으로 말해지기도 한다.[2]

그러나 지적 능력과 동일시되는 영혼[의식]은 지바[jiva]이다. 두 마리 새 중의 행위하는 새처럼, 지바는 그 자신의 행위에 의해 결과된 쓰고 달콤한 과일을 고통과 즐거움의 형태로 맛본다. 마음, 프라나와 지식과 행위의, 눈에 보이지 않는 기관들과 더불어 전체 육체적 몸 등, 그 나머지 모든 내적 도구들에게 생기를 불어넣는다.

육체적 몸과 감각기관을 통해 사람의 영혼[의식]은 외부 세계와 접한다. 욕망에 추동되어, 좋고 나쁜 많은 일을 하게 되며 그에 따라 공과 과가 결과되고, 다음 생들에서 고통과 기쁨의 형태로 지바에게 돌아오게 된다. 따라서 윤회 속의 그의 삶은 계속 길어지게 되고, 거듭되는 생을 거치면서 끌려가게 된다. 시작점을 모르는 모든 지바의 이력 속에 이런 상태는 영원히 계속된다. 지성[buddhi]이 자신의 안에 개별 영혼으로서의 신의 이미지를 간직하고 있는 한, 이런 상태는 계속된다. 자신을 아는 지

---

1) Cf. Mund. Up. III. 1. 1 ; also cf. Shwet. Up. IV. 6.
2) Cf. Ka. Up. I. 3. 1.

식이 동터올 때에만 이 지성은 자취를 감춘다. 그때까지 지바는 윤회^{samsara}에 속박된 채로 있다. 신으로서의 내적으로 빛나는 본성과 비교할 때, 지바를 어두움이라 말하는 이유가 이것이다. 지바를 외부 세계와 연관시키고 행위와 그 결과들에 복종시키는 육체적 몸과 감각기관들을 경전에서 악이라 부르며[1] 아울러 죽음의 형태라 부르는 이유 또한 이것이다.[2]

하지만 몸과 감각기관들은 깨어 있는 상태에서만 활동적이 된다. 그때에만 영혼^{의식}은 외부 세계와 접촉한다. 이 상태에서 지바는 어떤 특이한 단계를 드러낸다. 전체 마음과 몸의 조직과 자신을 동일시한다. 이 상태 동안, 의식^{brahman}은 원인적, 미세적, 육체적 세 몸 모두에 의해 채색된 모습으로 또 가리개에 가려진 모습으로 나타난다. 깨어 있는 상태 동안의 이 지바의 특이한 단계에 대해 경전은 비슈와^{Vishwa}라는 특별한 이름으로 부른다. 바이슈와나라^{Vaishwanara} 혹은 비라트^{Virat}라 불리는 우주적 존재의 극미한 한 부분이다.

꿈 상태에서는 육체적 몸과 감각기관으로부터 모두 놓여나기 때문에 지바와 외부세계 사이의 접촉은 끊기게 된다. 깨어 있는 상태에서 경험한 것들이 마음에 인상으로 남긴 것들을 재료로 하여, 지바는 스스로의 빛으로 꿈속의 몸을 만들고 스스로의 마음 세계를 만들어 그 안에서 행위와 경험의 주체로 행

1) Cf. Bri. up. Ⅳ. 3. 8.
2) Cf. ibid. Ⅳ. 3. 7.

동한다.[1] 이 꿈 상태에서 의식을 가리고 채색하는 것은 두 몸들 뿐이다. 원인의 몸과 눈에 보이지 않는 미세 몸이 그것들이다. 이 상태에서는 지바에게 타이자사^{taijasa}라는 또 다른 단계의 이름이 주어진다. 우주적 규모에서의 히란야가르바에 해당된다.

꿈 없는 깊은 잠의 상태에서는 이제까지의 지성(지적 능력)은 존재하지 않고 작동하지도 않는다. 그것은 원인의 상태로 축소된다. 하지만 영혼^{의식}과의 관계는 잠재적 조건에서 지속된다.[2] 원인의 몸^{karana sharira}만 의식의 유일한 덮개로 남는다. 우리가 이미 보아왔던 대로, 이 몸은 드러나지 않은 잠재적 에너지의 본성을 지니면서 그것 안에 지바의 가능성을 씨앗 상태로 담고 있다. 움직이지 않고 행위도 없다. 어쩌지 못하고 불안해하는 감각과 마음과 지성까지도 이 몸 안에서 원인의 상태로 조용히 쉼을 얻는다. 이 몸의 유일한 기능이라면 자기 지식(self knowledge=atma)을 온전히 감추는 일이다.

깊은 수면 상태에서 실재는 오직 원인의 몸에 의해서만 가려져 있지만 이 원인의 몸은 축복의 방^{anandamaya kosha}으로도 불린다. 스스로가 의식의 존재 혹은 축복의 존재처럼 보이기도 한다. 실제로는 늘 그런 상태에 있지만, 이 깊은 잠 상태에서 의식은 휴식 상태에 놓인다. 마음과 몸의 흔들림에 더이상 영향 받지 않는다. 영혼^{의식}은 이 상태를 그저 바라보면서, 스스로의 축복

1) Cf. ibid. XV. 3. 9.
2) Cf. Br. S. Ⅱ. 3. 31.

에 의해 평화로 가득 채운다. '매나 독수리가 날기에 지칠 때 날개를 쭉 편 채 둥지를 향하듯이, 무한자^{無限者} 역시 이 상태로 들어가 아무런 욕망도 간직하지 않고 아무런 꿈도 보지 않는다.'[1] 영혼은 깨어 있거나 꿈을 꾸는 상태에서의 행위나 경험에 지칠 때, 깊은 잠 속의 휴식 상태로 들어간다. 이런 이유로 깊은 잠 속에서 지바가 실재와 통합된다고 말한다.[2] 동사 'sleep'의 삼인칭단수형에 해당하는 산스크리트어 단어 스와피티^{swapiti}는 어떤 사람이 깊은 잠의 상태에서 자신의 참된 자아가 된다는 것을 암시한다고 알려져 있다.[3]

하지만, 의식^{영혼}은 깊은 잠 중에 어떤 것도 인지하거나 알지 못하는 것으로 보인다. 그 상태에서는 의식 외부에 인지되거나 알게 될 어떤 2차 대상도 남아 있지 않기 때문에 그렇다.[1] 그동안 내내 파괴될 수 없는 그 의식 존재는 그대로 있다. 잠을 깨면, 자신이 방해받지 않은 잠을 잔 것을 기억한다. 이것 역시 깊은 잠 동안 의식의 목격 기능이 계속되었음을 증명한다.

하지만, 원인의 몸에 의해서만 가려지고 채색된 이 상태에서의 의식은, 지바의 일생과 경험에서 뚜렷이 구별되는 한 단계를 나타낸다. 경전에서 이 상태에서의 지바를 프라기야^{prajna}^{wisdom}라는 특별한 이름으로 부르는 데서 이 사실이 강조되고 있다. 지고의 실재^{파라브라흐만}가 개체적 원인체에 의해 가려지고

1) Bri. Up. IV. 3. 19.
2) Cf. Chh. Up. VI. 8. 1.
3) Ibid. VI. 8. 1.

채색되면 프라기아로 나타나고, 우주적 원인체에 의해 그렇게 되면 이시와라로 나타나는 것이다.

따라서 지바는 각성과 꿈, 깊은 잠의 세 가지 다른 상태를 번갈아가며 지나간다. 각각의 상태는 각기 다른 단계의 지바를 드러낸다. 깨어 있을 때는 그의 행위와 경험은 물리적 우주와 연관된다. 꿈속에서는 지바 스스로에 의해 만들어진 마음의 세계와 연관된다. 그리고 깊은 잠에서는 완전한 휴식을 목격하고 축복을 경험한다. 비기아나마야(지성과 동일시되는)로서의 지바는 앞의 두 상태에서만 비슈와와 타이자사로 기능한다는 점을 지적해야만 한다. 세 번째 상태에서 지바는 휴면상태에 머문다. 지성(이때 이것은 원인 상태로 쇠퇴된다)으로부터 해방되어, 의식은 프라기아로서 신^{이시와라}과 하나가 되어 목격자의 위치에서 완전히 휴식한다.

지성과 같은 것으로 생각되는, 스스로 빛나는 이 지바트만^{jivatman}은 육체적 몸과 감각기관들과 접촉하거나 그 접촉을 끊음으로 각성과 꿈의 상태 사이를 거듭 거듭 움직여간다고 경전에서 말하는 이유가 바로 위와 같은 것이다. 그 물길에 방해를 받지 않고 두 강둑을 번갈아 오가는 커다란 물고기처럼 이 두 상태를 자유롭게 오가는 것이다.[1]

이와 정말 비슷한 방식으로, 지바는 한 특정한 육체적 몸으로 들어갔다가 나오는 방식으로 이 세계와 다음 세계를 번갈

1) Cf. Bri. Up. IV. 3. 23.

아가며 움직인다.[2] 어떤 육체적 몸에서라도, 영혼은 그 이전의 행위에 의한 결과의 한 부분에 따라 정해진 기간을 살아간다. 지금 생을 결정하는 업과(業果, karmaphala)의 이 한 부분을 일러 프라랍다(prarabdha, 시작하는 사람 혹은 기업)라 한다. 그 시간이 다 지나면 영혼은 원인의 몸과 미세한 몸과 함께 육체적 몸을 떠난다. 이 현상을 일러 죽음이라 한다. 죽는 것은 육체[gross body]일 뿐 영혼은 아니다. '지바[영혼]가 떠나간 몸이 죽는 것이다. 지바는 죽지 않는다.'[3] 육체적 몸을 얻으면 영혼[의식]이 태어나고 그것을 떠나면 죽는다는 말은 단지 비유일 뿐이다.[1] 실상 영혼은 태어나지도 자라지도 죽지도 않는다. 이 모든 변화는 육체적 몸에서만 일어난다.

사실을 말하면, 신의 이미지를 영혼에 싣고서 육체의 몸을 빠져나가는 것은 미세 몸이다. 의식 자체인 신은 어디에나 존재하기 때문에, 따라서 움직여갈 곳이 아무 데도 없다. 영혼과 함께 움직이는 것처럼 보이는 것은 지성[지적 능력] 안에 있는 신의 환영적 이미지뿐이다. 영혼의 약한 빛에 의해 지적 능력과 다른 내부 기관들이 육체적 몸으로 들어가는 것을 영혼이 태어났다고 말하고 그것이 빠져나갔을 때 죽었다고 말하는 것이다.

이렇게 하여 지바는 이 세계와 저 세계를 움직여가는 것이

1) Cf. ibid. IV. 3. 18.
2) Cf. ibid. IV. 3. 9.
3) Chh. Up. VI. 11.3.

다. 탄생과 죽음을 통해 가는, 그의 이력은 언제 시작되었는
지 모른다고 한다. 원인의 몸과 미세한 몸은 창조와 붕괴의 사
이클을 따라 지속된다(kalpa, 겁劫). 우주의 어떤 것도 그것들을
파괴할 수 없다. 우리가 이미 말했듯이, 자기自我 지식self-knowledge
이 동터올 때에만 그것들은 사라진다. 영혼의식이 지적 능력처
럼 보이는 한, 또 지적 능력이 영혼처럼 보일 때까지, 이 두 존
재는 지속한다. 근원적 무지avidya가 이런 착각을 만든다. 하나가
지닌 속성들이 다른 것에 속해 있다고 보이는 것이다. 이 착각
을 전문적인 용어로 말하면 아디아사(adhyasa=virtual, 가상, 假想)
라 한다. 나아가 몸과 마음 전체도 이 아디아사에 의해 영혼과
같은 의식 있는 존재라 주장하기도 한다. 그리하여 어떤 사람
이 "나는 늙은 사람이고 나는 아픈 사람이고 나는 걱정이 많고
나는 행복하다." 등으로 말할 때, 실상은 그가 그런 것이 아니
고 육체와 마음이 그런 것이다.

　이 착각, 아디아사는 그 사람이 자신의 자아, 다시 말해 진
정한 자신을 깨닫게 될 때, 사라진다. 시작 없는 지바의 이력
이 영광스런 종말을 고하는 때는 바로 그때뿐이다. 마야와 그
의 착각적 후손들인 이름과 형상이 함께 스러진다. 모든 제한
적 부가물uphadis들이 떨어져나간다. 최상위 실재를 가리고 색채
를 칠하던 모든 것들, 의식을 반사하면서 그의 이미지를 취하
던 그 모든 것들이 사라진다. 헤아릴 수 없이 많은 창조와 붕괴

1) Cf. Bri. Up. IV. 3. 8.

의 순환 과정을 거쳐가면서, 마야에 의해 그 자신을 지식과 행위를 지닌 제한된 힘의 지바로 생각했던 존재가, 긴 세월의 끝에 드디어, 스스로가 최상위의 실재, 존재의 무한한 바다, 의식, 축복(sat cit ananda-역자)임을 알게 된 것이다. 여러 코스를 거친 다음 결국은 바다에 도착하여 같은 존재 안에서 자신의 분리된 존재를 잃어버리는 강처럼, 여러 세계들 속에서 여러 다양한 몸으로 셀 수 없이 많은 태어남과 죽음을 통해, 시작 없는 여행을 한 후에, 지바는 마침내 자신의 위대한 근원에 닿아 그것과 하나가 된다. 그렇게 자신이 정말 누구인지를 알게 된 때에, 지바 이력의 꿈은 종점에 닿게 된다.

인간은 자신의 진정한 자아 지식을 통해 목표에 도달할 수 있도록 만들어져 있다. 어떤 이는 이번 생에서 그것에 성공하여 이른바 지반묵타(jivanmukta, 살아 있는 동안에 해방된)가 된다. 어떤 이는 이번 생의 끝에서 그것을 얻는다(비데하-묵티, videha-mukti). 또 다른 어떤 이들은 이생에서 중요한 진전을 이루고 죽음 후에 점진적 해방이라 불리는 길을 통해 목표를 향해 나아간다(카르마-묵티, karma-mukti). 그들은 죽은 뒤 브라흐마로카brahmaloka에 닿을 때까지 보다 높은 여러 세계들을 거친다. 거기서 그 주기가 끝날 때까지 살다가 그 세계의 상주常住 신령인 히란야가르바와 더불어 해방해탈을 이룬다.

욕망에 얽혀, 때론 선행을 때론 악행을 하던 나머지 다른 사람들은 한동안 높은 세계와 낮은 세계를 다니다가 이 세계로

지바

돌아온다. 그들의 행위에 따른 과실을 거두기 위해 식물이나
벌레 혹은 하등동물로도 태어난다. 악행에 따른 결과로 그런
낮은 삶들을 통해 고통 받은 후, 다시 사람으로 태어난다. 지바
가 자아 지식을 얻어 해방될 수 있는 기회는 사람으로 태어났
을 때뿐이다. 인간으로서의 생을 경전에서 그리도 크게 찬양하
는 이유가 여기에 있다. 지바가 그 안에 있는 신성을 드러내는,
아주 특별한 때이기 때문이다.

20
제의와 신화

앞선 장들에서 우리는 힌두교의 근저에 깔린 영적 진리들을 살펴보았다. 종교의 핵심이라고 불리는 것들이었다. 이제 남은 것은 이 진리들을 사람들이 절절하게 느끼도록 하기 위해 고안된 외적 형식들이다. 제의^{祭儀, 儀式}와 신화는 그런 외적 형식들이다.

우리가 본 바와 같이, 영적 진리들은 고도로 심오하고 난해하다. 예리한 지력을 가졌더라도 그 의미를 파악하는 일은 아주 어렵다. 나아가 단순히 지적으로 이것을 파악했다 하더라도 영적 영역에서 큰 진보를 이루는 것은 아니다. 경전을 인용하고 종교적 주제들에 대해 유창하게 말하는 것이 궁극의 목적지는 아니다. 영적 성장을 위해서는 이런 진리를 이해할 뿐 아니라 그 진리의 빛에 따라 그 진리가 실현되도록 자신의 삶과 행동을 다스려야만 한다. 그런 실현이야말로 성취해야 할 목표인 것이다. 순결한 마음으로써만 성취될 수 있다. 이것이 가능해지려면 마음이 철저히 깨끗해지지 않으면 안 된다.

그런 마음의 정화는 강력한 능력, 달리 말해, 순결한 마음의 통찰을 개발한다. 또한 이 능력을 통해 영적 진리가 실현된다. 신, 우주, 영혼에 관한 진리가 이 순결한 마음의 통찰을 가로질러 번쩍인다. 초자연적 혹은 초인간적이라는 말이 붙는 모든 경험들이 이 능력을 통해서 나온다. 모든 사람에게 이 능력이 있지만 깨끗하지 못한 마음의 구름에 덮여 있다. 정화되기 전까지 효과적으로 기능하지 못하는 이유가 여기에 있다. 일단 그 능력이 깨어나면 출중한 지식의 관문으로 봉사한다. 우리 감각과 지성의 범위를 넘어 있는, 보다 미세하고 고차원적인 진실들이 이 관문을 통해 우리 의식에 바로 닿는다.

이 능력이 이렇게 개발되었을 때, 그때에야 비로소, 인간은 완전히 다 자란 크기에 도달했다고 말할 수 있다. 그런 때라야, 정상적인 사람으로 말해질 수 있고, 그의 통찰력 또한 정상적이라 말할 수 있다. 순결한 마음의 직관을 통해 얻어진 보다 미세하고 보다 고차원의 지식은 완전히 성장한 인간의 정상적이고 자연스런 경험에 기초를 둔다. 이 능력을 개발하지 못한 사람들의 경우, 보다 정확히 말한다면 정상 이하라고 해야 할 것이다. 지적인 사람과 비교하여 야만인은 인간 존재의 정상 이하의 단계에 속한다. 마찬가지로 순결한 직관의 사람과 비교할 때, 단순히 지적인 사람은 인간 발전 단계의 정상 이하에 있다고 할 수 있을 것이다.

하지만, 보다 높은 차원의 진실을 깨닫게 되는 이 능력은 마음이 정화되었을 때만 개발된다. 실질적 종교의 단 하나의 직무를 든다면, 사람의 마음을 정화하도록 도움을 주는 것이라는 이유가 여기에 있다. 그런 때에, 깨달음과 실현은 자연히 따라온다. 의식儀式과 신화의 유용함이 여기에 있다.

의식儀式

시작부터 끝까지 힌두의 의식은 마음을 정화하는 것을 의미한다. 알려진 바 어떤 다른 목적도 없다.

물론 마술 의식이라고 곧장 분류되곤 하는 혐오스런 의식들이 아타르바베다 시대에서부터 유행되어오고 있다. 후기에는 탄트라에 의해 제시되기도 했다. 적을 쳐부수기 위해, 탐나는 물건을 가지기 위해, 병을 고치기 위해, 불운을 막기 위해 이런 의식들이 수행되었다. 경전에 의해 마침내 제재를 받는 것으로 끝나기 때문에, 재가자들에 의해 수행되는 경우 이런 의식들이 해롭지는 않다. 예를 들어, 여기서의 적은 사회의 안녕을 위해 쳐부수어야만 하는 반사회적 요소일 수 있다. 탐나는 물건도 일견 가치 있는 것일 수 있다. 이럴 경우, 마술 의식이 그 사람을 영적으로 퇴화시킬 수는 없다. 하지만 불결하고 나쁜 마음에 의해 이 의식들이 악용되기가 쉽다. 이기적이고 사악한 어떤 목적을 얻기 위해 이런 의식을 행하고자 하는 유혹을 쉽게 받는다. 여기에 영적 퇴화의 위험이 잠복되어 있는 것이다.

위와 같은 것들을 제외하고는 모든 의식이 영적 안녕에 기여

한다. 의식은 마음을 바르고 지혜롭게(깨끗하게) 한다. 우리가 이미 보아온 대로 이 단계야말로 신神의 실현에 있어 필수적이다. 하지만 마음의 불결함을 씻어내는 데 얼마나 많은 의식이 필요할까? 한 번 보자.

앞 장에서 우리는 우리 마음이 불결한 것은 우리의 근본 신성에 대한 무지에 그 근원적 까닭이 있다고 배웠다. 이 무지를 감소하게 하는 것은, 그것이 무엇이든지 우리 마음을 정화할 것임이 틀림없다. 신에 대한 숙고와 우리 영혼의 신성에 대한 숙고는 그 무지를 제거하며 따라서 마음의 효과적인 정화제가 된다. 하지만 추상적 숙고는 많은 사람의 능력을 넘어서는 아주 어려운 일이다. 그렇지만 의식을 통해 구체화될 때 여느 사람도 할 수 있을 정도로 쉬워진다.

신을 나타내기 위해 이미지와 상징을 쓰는 것은 이 점에서 한 보기가 된다. 이미지(프라티마, pratima)나 상징(프라티카, pratika) 앞에서 예배하는 동안에는 신만을 생각하게 되고 다른 것들은 생각지 않는다. 지적인 사람이라 하더라도 무한하고 형태 없는 우주의 주인을 오래 동안 숙고하는 것은 어려운 일에 틀림없다.

앞 장[1]에서 언급된, 이미지를 활성화시키는 과정은, 영혼의 신성이라는 사상이, 의식儀式의 도움에 의해 어떻게 점진적으로 체화되는지를 보여준다. 헌신자는 자신의 마음 안의 영혼으로

1) Chap. XII.

부터 어떤 특정한 빛나는 형태로 신이 떠올라, 자신의 호흡과 함께 자신으로부터 나오게 되고, 꽃을 통해 이미지로 전달되어, 그 이미지는 생명을 얻게 되는 것을 반드시 생각해야 한다. 지적인 사람들에게는 이 과정이 유치하게 보일 것이다. 하지만 유치원에서의 연습처럼 지성인에게도 아주 효과적이다. 그들 역시 영적 성장의 면에서는 어린 아이와 다를 바가 없기 때문이다. 이 과정을 반복함으로써 영혼의 신성을 서서히 알게 되는 것이다.

우주에 내재한 신이라는 사상 역시, 의식을 통해 마음의 강력한 정화제로 작용한다. 그런 생각에 의해 헌신자의 마음은 잠깐 동안이라도 이 세상의 누추한 상황들을 벗어나 고양될 수 있을 것이기 때문이다. 자신의 몸과 마음과 함께 우주의 모든 것이, 신을 경배하고 신과의 교감을 위한 필수적 전제로서, 신격화된다.[1]

신은 그 자신을 우주로서 드러낸다. 이것이 힌두교가 전파하는 두드러진 영적 진리 중의 하나다. 마음이 완전히 깨끗해지면 이것을 깨닫게 된다. 모든 곳에서 모든 것들 안에서 신을 본다. 하지만 이런 모습이 가능해지려면, 그 진리에 대한 강한 생각과 그 진리의 의미에 대한 강한 생각을 통해 그 진리를 자신에게 문질러 넣도록 열심히 노력해야만 한다. 그에 대해 생각을 거듭할수록, 그의 마음은 무지로부터 멀어지고 그 무지에

1) 'Devo bhutwa devam yajet. 신이 됨으로써 신을 경배한다.'

따른 불결함으로부터 멀어지게 된다. 힌두의 의식은 그런 사상을 쉽고 재미있는 방법으로 강화시키는 기회를 넉넉하게 제공한다.

쉬운 산수뿐 아니라 수에 대한 추상 개념을 아이들에게 가르칠 때, 구슬의 도움을 받아 설명하듯이, 우주에서의 신의 내재라는 고도의 추상 개념의 경우에도 미숙한 마음의 사람들에게 구체적 물건의 도움을 받아 주입할 수 있다.

자연에서 볼 수 있는 소재를 선별하여 그것을 성스런 것으로 간주함으로써 이 일은 이루어진다. 산맥,- 예를 들어 히말라야나 빈디야산맥 같은 것들도 하나의 성물聖物로 본다. 바다 역시 또 하나의 성물이다. 또한 갠지스, 줌나, 고다바리, 사라스와티, 나르바다, 인더스, 카베리 같은 강들도 마찬가지다. 강과 산들은 그곳에 사는 신격들-힌두의 예배를 받는-의 몸이다. 이런 신격들은 신의 현현들 중 높은 자리에 있다.

나아가 바라나시, 알라하바드, 하리드와르, 브린다반, 아요디아, 드와르카, 푸리, 우자인, 칸치푸람, 라메슈바람, 칸야쿠마리 같은 도시나 마을들은 순례자들이 찾는 성소들이다. 이런 장소들의 분위기는 깨달음에 알맞다. 모든 곳에 편만한 신은 이런 곳들에서는 그 덮인 장막이 얇아져서 조금만 찾더라도 신에게 다가갈 수 있다. 거의 드러나 있는 신의 현존으로 모든 이들이 영적으로 준비 상태에 있게 된다. 이런 곳들은 거리 위의 먼지들조차 성스럽다고 하는 이유가 여기에 있다.

또한, 어떤 나무, 약초, 풀, 목재, 꽃, 잎, 금속, 돌 등도 성스럽게 여겨진다. 이것만이 아니다. 예배 중에 두르가 여신을 목욕시켜야 하는 순서가 있는데, 여러 곳에서 떠온 물에 여러 가지 것들을 섞는다. 이 모든 것들을 성물로 여긴다. 이 모든 것 뒤에 있는 뜻은 신자들로 하여금 세상의 모든 것에로 성스러움의 관점을 확장시키라는 가르침이다. 실상 성스럽지 않은 것은 아무것도 없다. 지구, 해, 달, 행성들, 항성들을 그곳에 사는 신격들의 물리적 몸으로 보아 성물로 보게 하는 의식도 있다. 실상, 의식儀式은 우리로 하여금 우주의 모든 것을 성스러운 것으로 보도록 도움을 준다. 이런 편만한 성스러움에 대한 생각은 그 스스로의 마음을 성화聖化시킨다. 사악한 경향을 정화하고 우주에 내재한 신성을 실현하기에 적합하도록 서서히 맞추어간다.

이런 흐름에서, 링가linga 상징물을 통해 시바 신을 예배하는 것에 한마디하지 않을 수 없다. 현대인들은 남근을 숭배하던 야만적 의례의 유물이라고 코웃음치기 쉽다. 그 시초에는 남근 의식이었을지 모른다. 마치 기독교의 성찬 의식의 근원에 식인 풍습이 있었던 것처럼 말이다. 아무런 문제가 되지 않는다. 원래의 의례와는 아주 먼 어떤 것으로 승화되었기 때문이다. 남근에 대한 암시는 완전히 떨어져나갔다. 시바-링가는 시바 신에 대한 성스러운 상징을 의미한다. 링가라는 단어는 일차적으로 상징의 뜻이 있다. 신자는 그것을 통해 신 자체를 예배하고, 다른 무엇도 아닌 그만을 생각한다. 그러한 신에의 숙고는 분명히 그 신자의 마음을 정화하는 데로 향할 것이다. 우주나 세상에 내재한 신성에 대한 그들의 확신의 힘이 담대하게 어디까지 멀리 갔는지를 알게 한다. 남근 – 일단 이 해석이 맞다고 칠때[1] – 조차도 힌두에 의해 신격화될 수 있었고 영적 성장에 도움을 주는 것으로 바뀔 수 있었다.

신에의 숙고 외에도, 우주에 내재하는 신, 영혼의 신성, 신자의 몸과 마음과 그에 연관된 모든 것의 순결성, 이런 것들이 모든 힌두 의식의 심리적 배경이라고 말할 수 있다. 그런 순결에 대한 생각은 한동안 불결한 생각과 충동들을 점검하여 마음을 성스러운 영적 교감을 위한 분위기에로 이끌어간다. 실질적 예배의식을 행하기 전에 이런 분위기가 만들어져야 한다. 처음부터 그 밖의 모든 다른 것들은 마음을 그런 성스런 분위기로 고양시키기 위한 예비적 자기 정화의 과정일 뿐이다.

통상적 탄트리카 예배와 관련된 의식에서 볼 수 있는 몇 가지 예가 이 점을 보여준다. 예배에 참석하기 전, 신자는 할 수 있다면 성스런 물을 써서 깨끗이 목욕을 한다. 몸을 깨끗이 씻은 다음, 가급적 예배 전용의 깨끗한 옷으로 갈아입는다. 예배 장소는 성스러움과 연관된 곳이어야 한다. 사원 안, 성스런 나무 아래, 집에 딸린 제단 같은 곳이다. 어떤 경우라도 그 장소와 예배에 소용되는 모든 물품은 꼼꼼하게 청소되고 세탁된 것

1) 또 다른 해석을 보려면 다음을 참조. Sw. Viv's Comp. Wks. Vol. IV (fourth ed.), PP. 357-58.

217

이어야 한다. 그 장소로 가기 전, 신자는 명상과 송가, 신의 이름의 반복[japa]을 통해 그의 마음을 신에게로 집중시켜야 한다.

예배 장소의 경내로 들어가기 직전, 신자는 자신의 불결함이 모두 씻겨나가도록 기도해야 한다. 그런 후 자신의 예배를 보아주도록 신격들을 초대하면서 아차마나라고 부르는 의식용 물로 자신을 정화한다. 이때 읊조리는 성구[만트라]가 재미있다. 그 뜻이 이렇다. '성자들이여, 가장 높은 주님[비쉬누 신]을 마치 하늘에 펼쳐진 눈[eye]처럼 드러내 보여주소서.' 궁극적 실재로서의 파라브라흐만에 대한 믿음을 불어넣는 것이 이 성스런 성구의 목적임이 분명하다. 또한 자기 정화의 효과적인 수단으로 생각된다.

그런 후 성스런 일곱 강에 살고 있는 신격들을 초청하여 예배에 쓸 물을 정화한다. 이에 따라 이 물 자제가 정화제가 된다. 적절한 성구를 외면서, 신자가 앉는 자리, 꽃과 화병, 향합, 등잔, 제물 등, 예배와 관련된 모든 물건들을 포함한 소품들에 그 물을 뿌린다. 자신이 앉는 자리 아래의 바닥마저 정화하면서 이런 의미의 성구를 왼다. '오 프리트비[이 땅의 신격], 당신이 사람들을 붙들고 주님[비쉬누]은 당신 자신을 붙든다. 늘 나를 붙들어주소서, 그리고 이 자리를 정화해주소서.' 이제 시야는 그런 하찮은 물건들을 통해 모든 곳에 편만한 신성으로 확장된다. 또한 그럼으로 인해 마음은 보다 높은 차원으로 고양된다.

한편, 부타-슛디[bhuta-shuddhi]로 알려진 과정을 생각해보면 아주 재미있다. 어떻게 한 사람의 생각들이 구체적인 형상들을 통하여, 차근차근 우주의 붕괴로 이어져 영혼이 파라브라흐만으로 통합되고 다시 신격의 형태로 출현하게 되는지를 보여준다. 이 과정의 진행을 통해, 자신의 미세체subtle body와 함께 개인으로서의 악한 몸뚱이(파파푸루샤, Papapurusha)가 말라져서 재로 태워지는 것을 생각하게 되고, 달로부터 떨어지는 감로수 방울을 이마에 맞고 새로운 천상의 미세체가 되는 것을 생각하게 된다. 이런 구체적인 모양들을 통해 신자는 그의 마음이 한 점 흠 없이 깨끗해진 것을 믿게 된다.

이런 생각들은 우화적이다. 거의 시적이다. 하지만 이것들이 만들어내는 효과는 실제적이고 명확하다. 강렬하게 생각하면 우리는 그렇게 된다. 우리의 약점과 사악함은, 계속 마음에 품고 있으면 우리는 그런 상태로 남게 된다. 반면에, 우리가 순결하다고 계속 강하게 생각하면 우리는 순결해진다. 일종의 자기 최면이다. 우리는 본질적으로 순결하다. 가장 오래된 무지 때문에 우리는 우리 안에 있는 죄인을 보게 되고 또 죄인처럼 행동하도록 최면 당했던 것이다. 우리는 생각의 흐름을 되돌려 우리를 그 나쁜 최면에서 깨어나게 하지 않으면 안 된다. 이것이 힌두 예배와 연관된 모든 자기 정화 준비 과정의 배후에 있는 사상이다. 니아사nyasa라 불리는 과정을 통해 온몸 구석구석까지 신성화하는 것이다.

이 모든 것이 다 치러진 후, 신자는 이미지나 상징을 통해 신에 대한 예배에 나아가는 것이다. 예배는 향연의 과정이다. 신격들이 맞아들여지고, 자리가 제공되며, 목욕과 옷 입히기가 진행된다. 그런 후 꽃, 향, 화사한 음식들로 융숭히 대접된다. 이런 식으로 자기 정화의 예비과정을 통해 자신을 신성화하고 향연 과정을 거쳐 신을 인간화한 후, 신자는 이 예배의 시간 동안 신성한 영적 교감 속에서 신과 최대한 가까워지는 것이다.

나아가 향연의 전체 과정을 마음속으로 여러 번 되풀이해야 한다. 이것을 일러 마나사 푸자$^{manasa\ puja}$라 한다. 이리하면, 물리적인 주위 것들로부터 마음을 멀리하게 되고, 마음속 경배의 아주 재미있고 구체적 생각을 통해 신적 숙고에 젖어 있게 하는 데, 도움이 된다. 이런 것은, 확실히 신자의 마음을 육체적인 것으로부터 미세체의 차원을 향하여 한 걸음 더 나가게 한다.

아라트리카로 불리는 과정은 인간의 방식으로 향연을 받은 주$^{\pm}$의 영광을 강조하고 있다. 상징적 예배로 보인다. 주님의 이미지 앞에 빛, 물, 헝겊, 꽃, 차마라$^{chamara\ 1}$를 흔든다. 불, 물, 에테르, 흙, 공기의 다섯 원소(Bhutas, 부타)를 의미한다. 구멍이 많이 뚫린 헝겊^{1}은 에테르를 상징하고 냄새는 흙의 특성이고 흙은 꽃에 의해 표현된다. 기본 구성 요소로 대표된 전체 우주가 주님에게 상징적으로 바쳐진다. 주$^{\pm}$에 대한 경배다. 온 곳에 편만한 하나님에 대한 이 장대한 경배 형식을 보라. 이런 과정을 통해, 신자의 마음을 주님을 보는 인간적인 관점으로부터

---

1) 야크 꼬리털로 만든 먼지떨이.

초우주적인 관점으로 들어올린다!

　의식은 호마^{homa}라고 불리는 행사로 끝을 맺는다. 봉헌을 위해 특별히 붙인 성화^{聖火}로 태워 봉헌을 드리는데, 베다 시대로부터 전해진 경배 형식이다. 하지만 이 행사의 끝에 있는 이 의식은 중요하다. 이제까지 물리적 혹은 심적 이미지에 의해 부여된 형상의 한계를 초월하여 신자가 신을 생각하는 데 도움을 준다. 불에 자리하는 신격인 아그니^{Agni}를 통해 신자가 바치는 봉헌물은 우주의 주에게로 전해진다. 나아가 때로 신자는, 성화에 봉헌물을 바침으로써 우주의 창조자, 인격신^{시바}과 더불어 우주 자체에도 봉헌할 것을 요구받는다.[2] 신자로 하여금, 모든 형상들을 초월하여 자신의 영혼과 우주의 영^{파라브라흐만}이 동일함을 깨닫게 하는, 이 얼마나 담대한 의식인가!

　한편으로 위의 예들은, 힌두의 의식들이 흥미 있고 효과적인 영적 연습들을 통해 마음을 단련시키는 데 얼마나 중점을 두는가를 충분히 알 수 있게 한다. 성실하고 끈기 있게 또 감추어진 다른 동기 없이 추구하면, 점점 더 마음을 정화할 수 있고 마침내 직관의 능력이 높여나 높은 차원의 영적 진리를 실현할 수 있게 된다.

---

1) 향수와 동의어로 쓰인 것으로 이것 역시 에테르를 뜻한다.
2) Vishwam juhorni vasudhadi shivavasanam- Mnv. Tr. Chap. 5. footnote.

신화

교훈이나 칭찬할 만한 본보기들을 통하여 사람의 삶을 최고
의 이상적 상태로 끌어올리는 것이 신화의 목적이다. 역사에
있거나 역사에 없거나를 막론하고, 이야기나 비유, 전설 등으
로 구성되어 있다. 어떤 것들은 우화적이며 어떤 것들은 시적
이미지가 가득하고 어떤 것들은 지나간 전설적 사건들에 대한
설명 등으로 되어 있다. 하지만 그런 모든 것을 통해 추상적이
고 고도로 미묘한 힌두의 사상들을 대중에게 성공적으로 전달
하고 있다. 추상적 가르침들이 구체화되고, 이야기라는 모양을
통해 큰 재미와 강한 인상을 준다.

이런 방식은 베다^{Vedic Brahmanas} 시대처럼 이른 시기부터 사용되
어왔다. 브라흐마나스에는 이티하사(Ithihasas, 신화와 전설), 푸
라나(Puranas, 우주발생론적 신화), 가타(Gathas, 서사시 송가 운문),
나라삼시(Narasamsi ,영웅찬미가) 등이 들어 있다.[1] 세월이 흐름
에 따라 이런 류의 뚜렷한 문학이 성장하고 몸집을 불려 힌두
신화라고 불리는 것이 되었다.

이런 문학의 대부분은 설화시說話詩로 분류되는데 라마야나나
마하바라타 등은 서사시의 계보에 들어간다. 숭고하고 추상적
인 힌두의 사상과 이상을 일반 대중의 마음에 전달하는 존경
할 만한 수단이 되어온 이유가 여기에 있다. 베다 브라흐마나
스 시대에서부터 이런 식으로 이용되어왔다.[1] 그 시절에는 설

1) A History of Indian Literature by Winternitz—Vol. I, p. 226.

화시를 공연하는 것이 종교적 의식의 한 부분을 이루었다. 예를 들어, 아슈바메다 야그나(ashwamedha yagna, 말[horse] 희생제)의 필수 전주로서, 일 년 동안 매일 공연되었다. 그런 시들은 왕의 궁정에서 수타[Sutas]라 불리는 계급에 의해 연주되거나 노래되었고, 종교적 은둔자들조차 우기에 외딴 곳에 모여 아키아나(Akhyanas, 신화적 설화), 이티하사, 푸라나 등을 들었다. 이런 관습은 여러 다른 형태로 오늘날까지 지속되고 있다. 힌두 신화의 어떤 부분들은, 카타카(kathaka, 해설자)라 불리는 전문가에 의한 공연이나 전시 등의 극적 표현을 통해, 종교적 사회적 기능이 수행되었다. 시대를 지나면서 이런 식으로, 힌두의 숭고한 사상이나 이상들이 인상적인 이야기나 감동적인 역사적 사실 등을 통해 힌두 사회의 모든 계층들에게 전파되었다.

인도에서 끈질기고 경탄할 만한 노력으로, 보편적 종교 교육이 적어도 6천 년간 수행되었다는 사실은 놀랄 만한 현상이다. 종교 문제에 관한 힌두의 열정이 얼마나 높은가를 증거하고 있다고 하겠다. 그런 열정은 헛되지 않았다. 수천 년 동안 지속된 이 과정을 통해 인도 대중의 마음은 힌두사상과 이상으로 완전히 포화되었다. 물론 고도로 추상적인 사상은 그들의 이해 밖이었지만, 그런 사상을 비유적으로 설명한 것들을 통해 보다 쉽게 알게 되었고 이것만으로도 그들의 종교적 열정을 불러일으키기에 충분하였다. 경전에 나오는 그런 지식들에 계몽되어

1) Ibid. p. 311.

힌두 사회의 낮은 계층에 속하던 사람들 중 어떤 이들은 영적 삶의 가장 높은 이상에 감동받는 일들도 있었다. 실제로, 대중의 영적 높이를 끌어올리는 지렛대의 역할을 신화가 감당한 것이다.

이제 힌두 신화를 한번 살펴보고 어떻게 그런 기적을 행하는지를 보기로 하자. 우선, 신화는 신과 우주와 영혼에 관한 추상적인 힌두의 사상을 구체적인 이미지를 통해 나타낸다. 그림을 통해 정보와 지시 사항을 전달하듯이 신화는 이야기를 통해 그렇게 한다. 그림도 이야기도 그것 자체로는 진실이 아니다. 하지만 그것들은 사람의 마음에 진리가 심어지도록 도움을 준다. 지도는 또 무엇인가? 그것에 그려져 있는 나라 자체는 물론 아니다. 하지만 그 나라의 땅에 대해 많은 것을 알 수 있게 한다. 신화 역시 마찬가지다. 그것 자체가 진실인 것은 아니지만 그를 통해서 미묘한 형이상학적 진실들에 대한 어떤 개념을 가지게 한다. 그토록 오래된 베다 시대에도 이미, 신화적 설화를 들을 때, 문자 그대로를 진실로 받아들이지 말고 바르게 해석해야 한다는 특별한 지침이 있었다.

예를 들어 힌두 신화의, 특히 푸라나의 가장 인기 있고 불변의 주제인 창조 얘기를 보면, 이 점이 더욱 분명해진다. 이 얘기의 한 판본을 보자.[1] 황색의 옷을 입고 손이 네 개인 청색 몸의 나라야나(Narayana, 신)가, 깊이를 알 수 없고 끝없이 펼쳐져

1) Cf. Bh. Pr. III. 8.

있는 바다 위에 떠 있는, 머리가 여러 개인 뱀[Ananta Naga] 위에, 눈을 감고 누워 있다. 끝없는 바다(에카르나바, ekarnava)는 카라나 살리라(karana salila, causal water, 원인의 물)라 불린다. 그 밖의 다른 것은 아무것도 없다. 이것이 프랄라야(Pralaya, 붕괴)의 모습이다. 창조가 있기 전날 밤, 나라야나의 배꼽으로부터 연꽃이 피어나 바다 전체를 밝게 비춘다. 그런 후 이 연꽃 위로 브라흐마가 나타난다. 네 개의 얼굴과 네 개의 손을 지닌 붉은 빛의 신이다. 주님의 명령에 따라 브라흐마는 지난 한 시대[kalpa]를 명상한 후 그에 따라 우주를 만들기 시작한다.

이 무슨, 말로는 도저히 표현할 수 없는 진리의 모습인가! 리그베다가 프랄라야[붕괴]의 상태를 그려내고 있는 서술은 우리로 하여금 숨을 멎게 한다. '그때, 무도 유도 없었다. 하늘도 땅도 없었다…. 죽음도 영원한 삶도 없었다. 낮과 밤을 구별할 아무것도 없었다. 그 자신의 힘인 스와다[Swadha]를 지닌 그 하나님[the One]이 홀로 숨 쉬고 있다. 프라나[prana]는 있기도 전이었다. 다른 어떤 것도 없었다. 창조 전에는 모든 것이 어둠이었고 어둠에 싸인 어둠만이 카라나(karana cause, 원인)에 통합되어 있었다. 붕괴의 기간에 모든 것에 편만한, 하지만 하찮은, 무지(Ajnana, 아기아나)에 가려져 있던 우주가 주님의 뜻에 의해 이름과 모양을 통해 다시 모습을 드러내기 시작한다.'[1] 베다의 텍스트에서 원인[karana]으로 사용되는 단어인 '살리람[salilam]'이 물을 의미한다

1) Rg. Vd. X. 129. 1-3

는 사실이 흥미롭다. 한 유럽 학자는 '넓고 커서 건널 수 없는 홍수'라는 말로 번역하기도 했다. 하지만 베다에서 카라나를 살리람이라 은유적으로 표현한 것은 온 세상에 편만한 물로써 카라나를 회화적으로 표현하려한 것처럼 보인다. 스스로의 힘을 지닌 하나님이 요가마야를 지닌 나라야나로 나타나 있는 것이다.

신화적인 각색을 통해 프랄라야와 스리쉬티(Srishti, 창조)에 관해 베다가 알려준 다음의 진리들이 사람의 마음에 각인된다. 자신의 마야라는 힘만을 지닌 신 혼자만이 프랄라야에 존재했고 다른 모든 것들은 편만한 물로 특정된 원인 상태로 환원되었다. 창조가 있기 전날 밤, 그의 의지에 의해 그의 마야를 통해 그로부터 브라흐마^{히란야가르바}가 사출되고 브라흐마를 통해 창조의 모든 다른 것들이 사출된다. 신화적 그림을 조금만 해석해보면 프랄라야와 스리쉬티에 대한 베다의 이런 진리들이 드러난다. 물론 아주 무딘 마음들은 그 밑에 깔려 있는 생각을 파악하는 데 까지 갈 수 없다. 하지만 그 그림을 통해 최소한도의 진실은 확실히 발견할 수 있을 것이다. 그리고 그 진리는 진부한 가치의 그것이 아니다. 달리 말하면, 신과 그의 성스런 배우자 샥티만이 창조의 유일한 자료란 뜻이다. 그가 재능과 물질 둘 모두의 원인이다.

이런 식으로, 신화의 회화적 표현은 대중의 마음에 신과 우주, 영혼에 대한 힌두 믿음의 기초 사항들을 각인시킨다.

나아가 신화는 역사와 전통, 전설 등으로부터 추려내진 갖가지 감동적인 사상들을 힌두 사회에 제공했다. 수백의 빛나는 인물들이 이런 식으로 인도 대중들의 마음에 아로새겨졌다. 누구나 할 것 없이 본받아야할 모범적 인도인의 삶으로 아직까지도 여겨지고 있다. 따라서, 왕, 영웅, 재가자, 은자, 헌신자, 아버지, 어머니, 아내, 남편, 아들, 형제, 하인-이들 모두와 다른 더 많은 사람들이 적어도 한 사람의 빛나는 파우라니카^{신화적} 인물을 모델로 삼고 있다. 힌두 삶과 행동을 바른 방향으로 이끄는 영적 영감의 오래된 원천으로서 오늘날까지 살아 있는 수많은 인물들 중에 언급할 수 있는 것들로는, 라마, 크리슈나, 아르주나, 유디쉬티라, 비쉬마, 바시쉬타, 비두라, 날라, 하리쉬찬드라, 카르나, 간다리, 시타, 사비트리, 락쉬마나, 바라타, 마하비라 등이다.

또한 얘기 그 자체도 지혜를 캐내는 광산이다. 하나하나가 가슴에 중요한 교훈을 새긴다. 이상적인 힌두의 삶과 행동의 여러 부면에 직접 관련된 주제를 보여준다. 영적인 법칙, 종교적 수행 혹은 윤리적 원칙, 사회적 신분과 관계뿐 아니라, 각자의 삶의 단계에 따른 개인의 특정한 의무^{다르마} 등에 대한 교훈이다.

의로움이 마지막에는 승리하게 마련이다. 탐욕, 정욕, 질투, 자만심 등의 모든 악한 종류의 것들은 오래가지 못하며 결국에는 스러지고 만다. 대부분의 이야기들을 통해 이 영적 법칙

('Yato Dharmastato Jaya.' 진리가 있는 곳에 승리가 있다.)이 각자의
마음에 각인된다. 힌두의 모든 신화적 노래나 영웅적 이야기에
담겨 있는 이 각별한 교훈은 힌두의 마음에 깊이 들어가 인생
에 대한 전체적 태도를 물들인다. 이를 통해 힌두의 마음은 잔
혹한 힘보다는 영성에 더 의지하도록 훈련된다. 전사의 힘은
바른 삶과 바른 행동의 뒷받침을 받아야 한다. 그는 무기를 잡
을 때 올바른 동기가 있어야만 한다. 그렇지 않으면 그의 운명
은 출중한 군사적 역량에도 불구하고 패배를 향하기 마련이다.
라마야나에 나오는, 괴물 같은 초인적 힘을 가졌지만 사악한
성품으로 인해 패망하는 라바나, 마하바라타에 나오는, 숫자와
지휘관들의 능력에서 월등했던 군대를 지녔지만 옳지 못한 욕
망으로 인해 패망하는 카우라바 형제들, 이들을 통해 힌두는
교훈을 마음 깊이 새긴다.

또한 이 두 전설에서 신의 화신으로 나오는 라마와 크리슈나
는 그 전설 전체 내용에 영적 가치를 부여하고 있다. 신의 화신
의 일생 이야기가 무한한 가치에 대한 영적 수행임을 명상한
다면, 라마야나와 마하바라타는 그런 수행에 대한 풍부한 편의
와 영감을 제공한다. 이런 전설을 통해, 라마와 크리슈나로서
의 신은 우리 자신의 문 앞에 나타나는 것이다. 거의 그들을 직
접 보면서 그들의 옷깃을 만지게 된다. 다른 것들도 함께 들어
있지만, 스리 크리슈나의 일생 얘기의 다른 부분을 인상적으로
그려내고 있는 슈리마드 바가바탐Shrimad Bhagavatam은 힌두의 마음

에 비슷한 효과를 내게 한다.

신화가 지니고 있는, 아주 흥미롭고 교훈적인 특징은 그것들을 통해 의무가 서로 충돌할 때의 명백한 갈등에 대해 훌륭한 해결책을 제시한다는 데 있다. 자기 아내에 대한 의무보다 자기 백성에 대한 의무를 더 중시한 라마, 의로운 형제에 대한 의무를 야심 많고 질투 많은 어머니에 대한 의무보다 우선한 바라타, 호색적인 형제보다 의로운 적에 대한 의무를 중시한 비비샤나, 그의 아들에게보다 배고픈 손님에 대한 의무를 우선시한 카르나, 수백도 넘는 이런 에피소드를 통해 힌두는 당황스런 상황에서 어떤 의무를 선택할지에 대한 실제적인 지침을 받는다. 모든 경우에, 사람은 육신의 요구와 좁은 이기주의에서 벗어나 영성을 향해 솟아오르도록 인도된다. 이것이야말로 모든 의무 충돌을 해결하는 실제적인 공식이 될 것이다.

많은 이야기를 통해 중요한 덕목들을 다채로운 색깔로 그려 넣은 것에 더불어, 힌두의 신화 문학은 철학과 실제적 종교에 대한 명석하고 빛나는 담론들을 주된 이야기 중간 중간에 배치하고 있다. 명쾌한 양식과 극적인 배경이 어울려 이 담론들을 흥미 있고 쉽고 인상적으로 만들고 있다. 많은 인도인이 그들의 종교와 철학에 대한 교훈을 여기로부터 얻는 이유가 바로 이것이다. 오늘날 힌두 경전 중에서 가장 인기 있는 두 경전인 기타^{Gita}와 찬디^{Chandi}도 마하바라타와 마르칸데야 푸라나의 극적인 배경 안에 들어 있는 그런 막간 얘기들이다.

이와 같이, 고도로 미묘하고 추상적인 베다의 가르침에 대한 회화적인 표현, 등장인물에 대한 인상적인 묘사, 교훈적인 얘기와 계몽적인 담론 등을 통해 신화는 힌두의 삶에 대한 전망을 영성화하는 오랜 길을 가고 있다.

21
인생에 대한 힌두의 견해

신과 우주 그리고 영혼^{아트마}에 관한 힌두의 신앙은 리그베다 시대로부터 전해지는 경전들을 통해 우리에게 전승되었다. 그 때로부터 수천 년을 거쳐 오는 동안, 후기의 경전들에 의해 강화되거나 해명되었고 우리 시대를 포함한 저마다의 시대의 현자들의 성취를 통해 검증되었다. 힌두의 리쉬^{현자}들은, 우주에 내재하는 신이라든지 영혼의 신성 등과 같은, 인생과 존재의 불변하고 영원한 진리들을 발견하여 드러내주었다. 이런 내용들이야말로 힌두 신앙의 근본이라 일컬어지는데, 이런 연유로 해서 힌두의 신앙이야말로 영원의 종교(사나타나 다르마, sanatana dharma)라고 불리기도 한다.

힌두 인생관의 전체적 구조는 그런 검증 위에 세워져 있다. 또한 이런 사실들이 힌두의 구조가 수많은 세기 동안 지속되어 온 이유가 될 것이다. 침략과 식민지화, 이민족에 의한 지배가 있었지만 이 힌두적 삶의 기조는 흔들리지 않았다. 아시리아, 바빌로니아, 이집트, 그리스, 로마 들과는 달리, 힌두는 그들 고대의 조상들과 알아보지 못할 만큼 달라지지 않았다. 고색창연한 리그베다의 기도문은 여전히 암송되고 있으며, 힌두인의 행동거지는 고대와 마찬가지로 오늘날도 여전히 경전에 의해 규제되고 있다.

힌두인들이 무지해서 그런 중세주의에 바보처럼 매달리기 때문은 아니다. 몇몇 현대인들이 우리가 그렇다고 믿게 하려 하지만 말이다. 이유는 다른 데서 찾아야 한다. 힌두는 영원한 진실을 포기할 수 없다. 힌두 사회는 그런 진실의 단단한 토대 위에 서 있다. 그런 토대로부터 뿌리 뽑히게 되면 그 사회는 붕괴되거나 소멸될 수밖에 없다. 하지만 그럴 일은 없다.

여러 세기를 거치면서 힌두적 삶의 상부구조는 마모되고 손상되었다. 하지만 정작 그것이 무너지려 하면, 어떤 화신化身이나 어떤 스승들이 나타나 그것에 생기를 불어넣어 변화된 환경에 맞게 수리하거나 고쳐 만드는 일을 했다. 이에 따라 여러 시대 동안 지속되었고, 영적 진실의 토대는 동일하게 유지되었다. 슈루티(shuruti, 베다)는 여러 세기를 거쳐 최고의 권위를 지속했다. 리쉬들이 발견한 영원한 진리의 보고로서의 베다의 지배력과 영향력은, 모든 다른 경전들에 대해 오랫동안 유지되고 있다. 다시 말해, 정통파 전통으로서의 이 다른 경전들은, 힌두 사회의 변화하는 환경에 맞게, 빼어난 영적 인격들에 의해 때에 따라 변형되고 조절되어왔다. 하지만 베다를 통해 계시된 힌두 신앙의 근본에서 벗어나지는 않았다.

이러한 과정은 힌두정신이 처음 시작된 이래 줄곧 작동되어 왔다. 근본을 엄격하게 지키고 외관을 유연하게 재조정하는 방식은 힌두의 삶이 수천 년에 걸쳐 성공적으로 지켜온 하나의 비법이었다.

이미 말해온 대로, 인간의 본질적 신성은 힌두 신앙의 근본 가운데 하나다. 인간의 영혼은 신에 다름 아니어서, 인간은 자기 안에 신이 되는 잠재력을 언제나 가지고 있다. 인간은 그것이 어떠한 무도한 행위라 하더라도 인간의 행위로 인해 저주를 받거나 파멸되지 않는다. 죄는 무지로 인한 실수에 불과하다. 물론 그 죄로 인해 인간은 이생에서나 다음 생에서 고통을 받아야 한다. 하지만 그런 고통들을 통해 보다 현명해지고, 그 안에 있는 신성이 이윽고 완전히 드러날 때까지 재탄생을 거듭한다. 모든 이가 이 축복된 목적지에 닿게 된다. 따라서 죄인은 저주받지 않는다. 연민으로 대해져야 하고 무지에서 벗어나도록 도움을 받아야 한다.

인간이 우주적 영과 하나임을 알지 못하고, 육체적 몸과 물리적 우주에 매여 있는 한, 피속박 상태를 계속하는 것이다. 인간의 모양을 한 짐승과 거의 같다. 하지만 힌두는 그런 이를 영영 비난하지는 않는다. 힌두는 그 안의 짐승이 완전히 없어질 때까지 차근차근 그를 도와 신에게로 이끈다. 힌두에 따르면, 이 영광스런 변신의 속도를 높이는 것이야말로 인생의 목적이다. 다른 모든 것은 이 목적을 위한 하나의 도구로 여겨진다.

학문, 부, 자손 등은 영적 삶의 진전을 향한 기여가 있을 때에만 가치 있는, 부차적인 것들이다. 이 중심 목표에 기여하는 바가 없으면 그것들은 모두 쓰레기에 불과하다. 영적인 삶을 희생하면서 이루어지는 여하한의 것도 완성을 향한 진전을 늦출 뿐이다.

하지만, 사람이 자신의 육신에 매인 채 감각적 대상을 갈망하는 한, 운명의 굽이굽이에 하릴없이 희롱당하는 불쌍하고 하찮은 피조물에 불과하다. 그는 진정한 자신이 지닌 영광을 알지 못하고 있다. 그는 자기 그림자를 자기로 알고 껴안고 있다. 자신을 물리적인 몸이나 감각기관과 동일시한다. 이 단계의 사람은 열정의 노예로 나타난다. 분노, 악의, 욕정, 자만 등에, 무엇보다 이기심에, 이리저리 흔들리면서, 진정한 자신을 비참한 모습으로 드러낸다. 신적 영혼이 혼탁한 마음의 구름으로 뒤덮인 것이다. 그가 자신이라고 주장하는 것은 진정한 자신의 아주 조잡하고, 좁고, 낮고, 거꾸로 된 모습이다.

이것은, 사람을 욕망의 차원에 붙잡아두고 이생과 다른 생들에서의 태어남을 통해 소용돌이에 빠지게 하는, 명백히 낮은 수준의 자아^{self}라 할 수 있다. 나무에 앉아 맛있는 과일을 먹고 있는 새다. 어둠이라고 표현되는 존재다.[1] 적절한 영적 수련을 통해 이 명백히 저급한 자아는 시간이 지남에 따라 사라지고, 사람으로 하여금 감각 대상들과 감각기관들의 매임으로부터

1) See Chap. XIX.

영원히 놓여나게 하여 내면의 영원한 평화의 영역에 들게 한다.

영적 수련은 이 저급한 자아로 된 무지의 성채를 깨부수어 아무것도 남지 않은 것으로 만드는 것을 근본으로 하고 있다. 끊임없이 변하고 끊임없이 새로워지는 욕망이라는 형태의 요구를 거절하는 것으로 이루어진다. 그러므로 욕망에 대한 포기(抛棄, renunciation)가 수련의 근본적 요구조건이 된다. 영적 수련의 생명이 바로 그것이다. 그것만을 통해 불멸을 얻을 수 있고 인간 안의 신성이 나타나게 할 수 있다. 절대 다른 길은 없다. 완전한 금욕이 이상적이다. 그것만이 신과 하나임을 깨닫게 한다. 하루아침에 되지 않고 또 모든 것이 한꺼번에 다 되지도 않는다. 물론 그렇게 된다면 이상적이지만. 개개인은 자신이 서 있는 곳으로부터 시작하여 단계를 거쳐 도달해야 한다. 감각과 마음은 서서히 부수어야 한다. 이것이 프라브리티 마르가(욕망의 길)가 일정 범위 안에서 욕망 추구를 인정하는 이유이기도 하다.

하지만 완성의 목적지는 절대적 욕망 포기를 통해서만 도달할 수 있다. 자기 안에 있는 신적 영혼이 완전히 발현될 때, 외부와 내부의 자연적 욕망에 대한 완전한 통제를 얻어내야만 한다. 이것은 심령적 통제(라자-요가), 철학(기아나-요가), 예배(박티-요가), 행위(카르마-요가)를 통해, 혹은 이것들의 다양한 조합에 의해 이루어질 수 있다. 실상, 이것이 종교의 전부이다. 모든 사원, 모든 성상聖像, 모든 제의, 모든 신화를 비롯한 다양한 모든 영적 이념과 함께, 힌두의 가르침은 바로 이것을 가리키고 있다.

따라서 힌두와 함께하는 종교는 광대한 범위로 실용적인 측면을 지닌다. 사람의 전체 인생을 관장하게 되어 있다. 사람이 그 출발점으로부터 신성을 향하여 가능한 한 가장 가깝게 다가갈 수 있도록, 그 사람의 삶과 행동을 조정하려 한다. 따라서 그 실제적 과정은 그 사람의 영적 발전 단계에 따른 자연적 요구와 어울리게 되어야만 한다. 취향, 역량, 기질에 맞아야만 한다. 개개인은 자기에게 가장 알맞은 과정을 택해야만 한다. '개개인의 역량에 따른'이라 불리는 원칙으로 아디카리바다 adhikarivada라 불린다.

이와 연관되어 경전에서 밝히고 있는 다른 한 가지 사실은, 이생에서 이루어진 영적 진보는 상실되지 않는다는 것이다. 한 생에서 이룬 영적 단계는 다음 생에서의 출발점이 된다. 성취된 것은 어떤 것도 취소되지 않는다. 악행은 고통을 초래하고 그리하여 속죄된다. 물론 한동안은 영적 안목을 흐리게 해 영적 성장을 위한 열망을 억누를 수는 있지만, 영적 수련을 통해 얻어진 것을 영구히 취소시킬 수는 없다. 힌두에 따르면, 덕과 악은 서로 상쇄되지 않는다. 각각은 독립적으로 그 결과를 가져온다. 그리하여 사람은 자기Self 지식의 새벽이 동터오면, 이것들 둘 모두 위로 떠오른다.

신의 우주내재론은 모든 힌두사상 학파들이 받아들이는 또 하나의 빼어난 영적 진리다. 쉼 없이 변화하는 다양한 우주의 거죽 아래, 신 안에서의 일체성이 자리하고 있다. 목걸이의 진주 알들을 이어주는 실과 꼭같이, 모든 것을 관통하고 있다.[1] 이시와라(Ishwara, 신)는 자신을 우주의 끊임없고 셀 수 없는 대상물들로 드러내고, 그 모든 것을 안으로부터 안타리아미^{영혼}로서 관장하여 무엇과도 견줄 수 없는 우주의 교향악을 만든다.

그러므로 다양성 속의 일체성이야말로 힌두가 우주의 근본적 법칙이라 여기는 것이다. 그들은 우주의 심포니를 창조하는 데 있어서의 다양성뿐 아니라 일체성, 둘 모두의 필요성과 역할에 대한 이해를 교육받는다. 다양성은 우연이 아니다. 의미가 있고 가치가 있다. 신적 발현을 위한 열망으로부터 진행되었다. "나는 하나다—여럿이기도 하지." 신의 이런 편재적 의지는 무한한 다양성을 사출함으로써 성취된다. 그의 프라크리티(prakriti, 우주에너지)는 끝없이 새로운 모양을 내던져내는 잠재력을 지니고 있다. 우주가 다양성이라는 특질을 가지게 되는 이유이기도 하다. 한 나무에서라도 똑같은 두 잎은 없다.

실상 우주에 아름다움과 질서 그리고 조화를 주는 것은, 내부의 신적 일체성에 의해 사출되고 통제되는 외부의 다양성이다. 내부의 일체성을 느끼고 있는 사람은 다른 여느 사람보다이 아름다움을 더 많이 즐길 수 있다. 모든 것에 대한 사랑과,

1) Cf. Gita, VII. 7.

그것들의 영혼으로부터 샘솟은 가장 순수한 기쁨과 고요에 대한 사랑은 전 우주를 덮어 천상의 왕국으로 변모시킨다.

힌두는 우리에게 우주를 본받으라고 가르친다. 우리의 활동과 관심의 모든 방면에 관련된 개인적, 사회적 인간사 모든 문제를 다룰 때, 다양성 속의 일체성이라는 이 원칙을 고수할 것을 충고한다. 이런 모든 일에서 바닥에 깔린 일체성을 간과하지 않고 가능한 한 최대의 다양성을 잘 수용하지 않으면 안 된다. 무디고 기계적이며 단조로운 일체성 대신에, 우주 안의 신적 패턴을 닮도록 하지 않으면 안 된다. 경직된 일체성이 아닌 조화야말로 우주의 신적 법칙이다.

모든 영혼은 잠재적으로 신적이다. 사람과 사람과의 차이는 표면에서만 있음에 불과하다. 그 중심에서는 영원히 존재하는 신적 일체성이 있다. 우리는 우주의 표면에서 태어난다. 우주의 표면 아래로 뛰어들어 우주적 정신(파람아트만, paramatman)에 닿아 자유로워져야 한다. 이것은 하나의 게임이다. 우리는 이 게임의 끝을 보아야 한다. 신의 놀이[lila sport]인 것이다. 우리가 위대한 하나에 닿는 순간 게임은 끝이 난다.

따라서, 동료 인간과의 관계에 있어 서로를 통합시키는 것은, 그 무엇이든, 우리의 영적 진보에 좋은 영향을 끼친다. 이기심 없는 사랑은 통합을 이루게 한다. 그러므로 그것은 우리에게 좋은 것이다. 우리 동료들에 대한 이기심 없는 봉사를 통해, 사랑을 고양하도록 요청받는 이유이기도 하다. 이런 사랑은 신적 통합이라는 목표를 향해 나아가도록 우리를 도와줌이 분명하다. 전체 우주를 우리 자신처럼 껴안기에 성공할 때까지 그런 봉사를 통해 우리의 마음을 넓히지 않으면 안 된다.

힌두는 자기 포기와 봉사를 통해 그들의 마음을 확장시키도록 교육받는다. 이것이 그들의 종교적 진리(다르마, dharma)이다. 힌두적 삶의 체계에서 이기심 없는 봉사라는 이 진리는 하나의 빼어난 요소이다. 그들의 사회 구조에서 모퉁이 돌(초석)에 다름 아니다. 조악하고 저급한 자아로부터 향상되도록 하기 때문에, 강력한 마음의 정화제로 모든 사람에게 제시되는 것이다. 힌두의 삶은, 한 사람의 의무의 형태로 제시된 그런 진리(다르마)를 계속 수행하는 것이라고 할 수 있다.

개인들 간의 관계는 권리가 아니라 의무로서 표현된다. 권리에 대한 주장과, 이에 따른 권력과 특권에 대한 쟁탈은, 아주 자주 강한 욕심과 속임수, 거친 이기심 등으로부터 비롯된다. 따라서 이것들은 인간을 영적으로 타락시킬 수 있는 위험이 있다. 경전은 힌두에게 진정으로 올바른 대의를 위해 일어설 것을 훈계하고 있지만, 그들의 권리보다 의무에 더 주의를 기울일 것을 요구한다. 왜냐하면 마음을 넓히고 영적으로 향상되는 것은 제시된 의무의 수행을 통해 이루어지기 때문이다. 따라서 모든 개개인의 이런 의무는 그 사람의 진리라고 일컬어진다. 부모와 자식, 남편과 아내, 왕과 신하는 그들 각각의 진리^{의무}로 상호 연계되어 있다. 그리고 다시 한 번, 개개인은 그들 인생의 각 단계^{아쉬라마}와 사회에서의 처지(바르나, varna)에 따른 그들 고유의 의무들(스와다르마, swadharma)을 갖고 있다. 이 각각의 의무들은 저급한 자아가 일으키는 강한 이기적 요구를 포기하면서 남들을 섬길 것을 요청한다. 따라서, 자기 포기와 봉사를 통해, 모든 힌두는 그의 마음을 넓히고 완전이라는 목표를 향해 꾸준히 전진할 것을 요구받는다. 모든 욕망을 포기하고, 자신의 의무를 신에 대한 예배로서 순수히 수행하면 목적지에 빨리 닿게 된다.[1] 이와 같이, 가장 조악한 단계에서부터 가장 높은 단계에 이르기까지, 힌두는 삶의 전 범위에 걸쳐 자기 포기와 봉사의 단계적 과정을 거친다. 그리하여, 모든 다양성의 한가운데 중심적, 신적 일체성의 위대한 전망으로 한 인간을 점진적으로 들어올린다.

미움, 질시, 이기심 등, 사람 사이의 차이점을 강조하고 부조화와 분열을 조장하는 모든 것들은, 그와 반대극에 위치한다. 그것들은 삶에 대한 좁고 자기중심적인 전망에서 출발하여 마음의 수축^{좋아듦}이라고 불리는 것을 대표한다. 자신의 진정한 신적 품성에 대한 무지로 인해, 자신의 저급한 자아를 어리석게 우상시하고, 그의 마음은 위와 같은 수축을 겪게 된다. 한 사람의 영적인 삶에 독과 같은 영향을 끼치는데, 모든 수단을 다해 피해야 한다. 힌두가 욕정, 분노, 탐욕, 탐닉, 속임수, 질투 등을 적으로 여기는 이유가 이것이다.

1) Cf. Gita XVIII, 46.

많고 다양한 것들 중에, 그 영원한 하나를 보고자 하는 노력을 끊임없이 쉼 없이 해야만 한다. 힌두 삶의 주조가 바로 이것이다. 이런 태도야말로, 힌두 문화에 다른 것과 뚜렷이 구별되게 하는 성격을 부여한다. 오래된 힌두 사회에 힘찬 생명을 불어넣고, 그들의 펼쳐진 팔 안으로 여느 외래 종족과 종파들을 껴안게 하는 것이 또한 이것이다. 고대의 힌두는 칼이나 포화로써 자신의 문화를 전파하지 않았다. 순수함과 신적 전망의 우주적 사랑만이 그들의 무기였다. 처음에는 인도 땅 원주민, 나중에는 박트리아계 그리스인, 후나족, 사카족 그리고 동남아시아 먼 땅의 여러 다른 민족들을 문화적으로 고양시켜 자신들의 무리 안으로 넣었던 힘은 바로 이 다양성 안의 일체성이라는 전망이었다. 사실, 힌두의 정신이 실제적으로 아시아 전체로, 또한 서구 문명의 요람인 그리스에게로 건강한 문화적 영향을 미치게 된 것은 바로 이 전망에 의해서였다.

확장 과정은 간단했다. 바탕에 깔린 일체성은 고대 힌두인들로 하여금 드넓은 전망을 지니게 했고 그런 전망들로 해서 다양한 종족의 사람들을 사랑하고 그들과 섞여 그들의 삶과 사상을 높은 수준으로 키워냈다. 외국인을 멸족시키고 그들의 문화를 파괴하는 일은 그들에게 생각조차 할 수 없는 일이었다. 각각의 민족 그룹들은 신을 드러내는 한 유형들이 아닌가? 그들도 신성하지 않은가? 그들의 문화적 유산은 수세기에 걸쳐 진화되어온 인류문화의 한 독특한 변종을 드러내는 하나의 자연적 출현이 아닐까? 고대의 힌두는 모든 타민족 그룹들의 신성과 가치들, 그리고 아무리 조악하더라도 그들의 문화적 전승들을 이해하는 지혜를 가지고 있었다.

힌두가 이 모든 것을 그들이 서 있는 그대로 받아들이고 아주 부드러운 접촉을 통해 그들로 하여금 상향 이동만을 하게 한 이유가, 바로 위와 같은 것이다. 힌두의 정신을 그들 그룹에 불어넣기만 하여, 그들로 하여금 힌두 무리 안에 자리 잡게 하였다. 그들 이민족의 종교 행위와 사회 관습들은 힌두 신앙의 근본에 맞게 조율되었고 그런 후 힌두의 정신세계로 한 덩어리가 되어 인도되었다. 다양한 종교 행위와 생활 방식들이 이런 방식으로 힌두 종교로 들어가게 되고, 세월의 흐름에 따라 힌두는 모든 종교의 한 전형이 된 것이다. 그 시절의 힌두는 외래 요소들을 소화 흡수하여 확장하는 힘이 있었다. 확실히 이것은 생명의 표지標識였다. 다양성 속의 일체성이라는 그들의 전망이 흐려지지 않은 한, 힌두는 생동감 있게 살아남았다.

이 전망이 희미해지는 때면 언제나, 힌두는 무기력함으로 가라앉았고 그들의 역동적인 종교는 거의 빈사상태가 되었다. 저변에 깔린 신적 일체성에 대한 전망을 잃은, 영적인 무기력의 시기가 되면, 힌두는 좁고 편협한 분파주의가 되어, 그들 자신의 사회에서는 분열과 미세 분열을 강조하고, 모든 외국인들을 배척하기에 이른다. 권력과 특권을 향한 다툼은 필연적으로 증오와 원한을 불러일으켰다. 영적 진전을 위한 근본적 필요조건인 자기 포기와 봉사를 잃어버리자, 종교의 겉치레에만 몰두하게 되었다. 고대의 사상과 이상에서 점점 더 멀어져서 헤매게 되고, 이런 시기에는 갖가지 것들이 모인, 오만한 종교의 난장판을 연출하게 된다.

하지만 다행히도 그런 시기는 오래가지 않았다. 그런 시기 후엔 영성이 고조되는 시기가 반드시 뒤따랐다. 오늘날 역시 우리는 이 현상을 목도하고 있다. 우리의 문화적 삶의 퇴조는 막 끝났다. 앞바다에는 밀물의 부활이 시작되고 있다. 무기력의 시기를 지난 후, 힌두는 그들 신앙의 근본에 대해 다시 각성하기 시작했다. 그리고 아주 자연스럽게 힌두는 그들 고유의 역동성의 신호를 이미 보여주기 시작했다.

오늘날 힌두는 우파니샤드의 생명을 주는 메시지를 다시 경청하고 있다. 수세기에 걸친 분파적 혹은 상호적 반목의 소음과 아우성을 넘어, 점점 커지며 점점 강해지는 옛 리쉬들의 명쾌한 요청이 떠오르고 있다: "이 덧없는 세상에 존재하는 모든 것들은 신으로 충만해야만 한다(저마다의 명상에 의해). 그들 모두를 자기(저급한 자기) 포기를 통해 즐겨라. 타인의 소유를 일체 탐내지 마라."[1] 모든 것 안에서 모든 것을 통해서, 동일한 신을 보아야 한다. 그리하여 힌두는, 다양성 안의 일체성이라는 전망을 통해 그들 주위에 있는 모든 것들과의 조화를 찾으라는 오래된 가르침을 수행해나가도록 새로운 활력을 받고 있다. 인

1) Ish. Up. I.

간이 흥미를 갖고 있는 모든 부면에서의 다양성이 지닌 가치와
아름다움을 이해하도록 고무되고 있다.

　종교 분야에서는, 다양성이야말로 인간 문화의 풍부함이 있
게 하는 원천으로 받아들여지고 있다. 하나의 옷이 모든 사람
에게 맞을 수 없는 것처럼, 한 종교가 모든 사람에게 다 맞을
수는 없다. 한 가족에 있어서 가족구성원들 개개의 요구에 따
라 각각 다른 옷을 제공하는 것처럼, 인류에 있어서도 각각의
민족 그룹들에 그들 개개의 취향과 역량에 맞는 각기 다른 종
교가 제공되어야 한다. 취향과 역량의 다양성은 결코 지울 수
없는 우주의 사실로서 받아들여져야 하고 또 고려되어야만 한
다. 또한 이 점은 여러 종교들의 도입을 통해 실제로 이루어져
왔다. 어느 것이 더 낫다는 것으로 싸울 필요가 전혀 없다. 각
각의 것들은 완성이라는 동일한 목적지를 향해가는 올바른 길
이며, 그 각각은 개개 인간 그룹들을 위해 유용성을 지니고 있
다. 힌두의 성인들과 현자들은 거듭거듭 이것들을 가르쳐왔다.
쇠퇴기를 지나, 힌두는 라마크리슈나의 삶과 가르침을 통해 다
시 한 번 이 사실을 알아가고 있다. 각각의 그룹은 그들 고유의
종교를 지켜야 하는 동시에 다른 모든 종교들에 대한 존경의
태도를 유지해야 함을 빠르게 확신해가고 있다. 동일한 목적지
에 도달해가는 아주 많은 다양한 길들이 오랜 세월을 통해 발
견되었기 때문이다. 이 분야에서의 다양성 속의 일체성이라는
전망은, 모든 시시한 상호적 분파적 싸움들에 결정타를 날린

244

것이다.

사회 분야에 있어서도 이 전망은 기적을 만들 수밖에 없다. 힌두 사회를 다시 젊어지게 하며, 인류의 영적 진전을 향한 근본적 기여를 하게 한다. 권력과 특권을 위한 가치 없는 싸움은 포기되어야만 한다. 자기 포기와 봉사라는 인간의 오래된 기획은 부활되어야 한다. 의무에의 자각이, 권리에의 자각보다 다시 한 번 우선권을 얻어야 한다. 이에 따라 한 사회에 있어서의 개인과 그룹 간의 관계들이 재조정되어야만 한다. 아들이건 하인이건, 모든 인간 개개인은 신의 현현이다. 이런 이유로 합당한 존경으로 대접받아야 한다. 다양한 카스트가 있을 수 있다. 하지만 그들 사이에 어떠한 증오나 원한도 있어서는 안 된다. 각각의 그룹은 신성하다. 각각은 그들의 장소와 기능이 있다. 힌두의 삶이라는 교향악을 연주하는 각각의 파트를 맡고 있다. 따라서 그에 적합한 존경으로 대접받아야 한다. 누구도 무시되어서는 안 된다. 모두는 문화적 향상을 위한 기회를 가져야만 한다. 불가촉^{천민} 같은 것은 영원히 금지되어야 한다. 오늘날의 힌두에게 있어, 그들 종교의 근본에 비추어 그들 사회를 전면 정비하려는 필요성에 대해 활발히 응하는 신호가 여러 곳에서 보이고 있다.

이번에 그들은 단순히 여기서 멈추지 않을 것 같다. 이 전면 정비에 활력을 다시 얻은 그들은 다양성 안의 일체성이라는 그들의 전망을 그들 사회의 틀을 넘어 확장시키려 하고 있다. 이기심 없는 봉사라는 그들의 진리가 지구의 구석구석까지 확산되어가고 있다. 민족과 국가, 그런 모든 것들은 다양하다. 그들 사회 정치 경제적 삶의 구조 역시 다양하다. 인간 집단들과 연관된 그런 다양성 역시 전체 인간 사회의 아름다움과 풍요함에 더해져야 한다. 각각을 통해 신은 자신을 드러낸다. 각각은 신에 의해 사출된 한 유형을 드러낸다. 각각은 성스럽다. 각각은 성취해야 할 임무가 있다. 각각은 인류의 성장을 향한 중요한 기여를 해야만 한다. 힌두 경전이 설파하는 바, 모든 인류의 다양성 아래 놓여 있는 신적 일체성이라는 이 근본적 사실은 더 이상 무시되지 않고 있다.

아무도 미움을 받아서는 안 된다. 아무도 어떤 식으로든 억압받거나 상처받아서는 안 된다. 할 수만 있다면, 그들의 길에 놓인 장애물을 제거하여 그들 모두를 도와야 한다. 카스트, 종파, 종족, 민족에 따른 어떠한 차별도 없이, 사회 경제 정치 그리고 영적 분야에서의 모든 이기심 없는 봉사를 우리의 종교는 우리에게 요구하고 있다. 이것이 우리의 다르마이다. 우리 자신의 사회에 국한시키지 않고 전 세계로 확장시켜야만 한다. 외국인, 비아리아인mlechchha이나 그리스인yavana 같은 단어, 배신, 증오, 교만 등의 단어는 힌두의 정신세계와 걸맞지 않다. 그런 말들은 영적 타락기 언젠가에 만들어졌을 것이다. 자기 안에서 전체를, 전체에서 자기를 보는 것이 목표인 힌두에게는 미숙하고 가치 없는 말들이다. 조만간 이 단어들이 영구히 폐기되고 모든 인간들이 나라야나(Narayana, 하나님)로 여겨지는 날이 올 것을 힌두는 기대한다. 그들의 오래된 우파니샤드의 고준한 메시지들에 영감을 받은 힌두는, 이기심 없는 봉사를 통해, 지구의 다양한 종족들로 하여금 그들의 기저에 깔린 신적 통합성을 알게 하고 이를 통해 전 세계에 걸친 전례 없는 교향악을 만들어낼 잠재력을 지니고 있다. 아마도 이것이야말로, 그것을 성취하기 위해 여전히 살아 있는 힌두의 임무일 것이다.

산스크리트어 용어 해설

Acharya 아차리아; 영적 스승, 교리 제안자, 영적 진리 전파의 소명을 띠고 태어난 숭고한 영적 인물.

adhyasa 아디아샤; 한 사물을 다른 사물로 착각하는 것을 말하는 베단타의 용어.

Aditya 아디티아; 힌두 신격(神格)의 하나.

adrishta 아드리쉬타; 운명, 행운.

Advaita-vada 아드바이타-바다; 신, 영혼(의식), 우주가 절대적으로 하나라는 베단타학파의 가르침에 의한 불이론(不貳論)의 교리.

agni 아그니; 불.

Agni 아그니; 힌두 신격의 하나.

ahamkara 아함카라; 에고[80].

ajnana 아기아나; 무지(無知).

akasha 아카샤; 하늘, 허공, 에테르

akasha-vani 아카샤-바니; 에테르의 음성, 하늘의 음성.

annamaya kosha 안나마야 코샤; 물질적 몸(음식으로 만들어지는)의 덮개.

antahkarana 안타카라나; 마음과 미세 감각기관.

anitya 아니티아; 영원치 않은, 변하는, 일시적인, nitya의 반대말.

Aprama 아프라마; 거짓 지식, prama의 반대말.

Arya 아리아; 인도-아리안족.

Arya dharma 아리아 다르마; 인도-아리안족의 종교, 베다 종교.

Aryavarta 아리아바르타; 인도아리아족이 그들의 세력 확장의 초기에 점령했던 북인도 지역.

asana 아사나; 정신 집중 훈련할 때의 앉는 자세.

ashrama 아쉬라마; 인도인의 인생 네 단계 중의 여느 단계, 브라마차리아, 가르하스티아, 바나프라스타, 산야사 등.

Ashtanga-yoga 아쉬탕가-요가; 여덟 파트로 이루어진 요가, 영적 훈련의 연속되는 여덟 과정을 제시하는 라자-요가를 이른다. 야마, 니야마, 아사나, 프라나야마, 프라티아하라, 다라나, 디아나, 사마디의 8과정.

Atma-jnana 아트마-기아나; 셀프(자기)-지식(자신에 관한 지식)

Atman 아트만; 자기 자신, 영혼(의식).

atyantika Pralaya 아티안티카 프랄라야; 완전한 자기 지식을 얻게 되었을 때 (우주가 그 근원적 원인인 근본 무지와 함께 완전히 사라졌을 때)의 절대적 붕괴, 용해(溶解).

Avatara 아바타라; 신의 화신(化神, 우주 영의 강림).

Avidya 아비디아; 근본 무지, 신적 무지의 힘(불이론적 베단타학파에 따르면 이것에 의해 절대가 우주로 나타난다고 함).

avyakta 아비악타; 드러나지 않은

Avyakta 아비악타; 잠재 상태에서의 우주에너지(붕괴 시기에 있을 때의), 신적 무지의 힘, 아비디아와 마야와 동일함.

Ayurveda 아유르베다; 외과를 포함한 의학.

Bauddha 부다; 불교도, 불교의. 가상의(virtual).

Bhagavan 바가반; 주, 주님.

bhakta 박타; 귀의자, 사랑의 길을 따르는 사람.

bhakti 박티; 귀의, 헌신, 신에 대한 강렬한 사랑.

Bhakti-yoga 박티-요가; 사랑의 길, 네 가지 근본적 영적 훈련 중의 하나.

bhoga 보가; 경험, 인지, 쾌락.

bhuta(s) 부타; (드러나지 않은 상태의 것에 반대되는 것으로서 드러나 존재하게 된 무엇이라는, 단어 자체의 뜻이 있음) 우주의 다섯 기본 구성요소 중의 하나를 가리킴. 아카샤, 바유, 아그니, 아프, 크쉬티 등이 그 다섯 요소임. 힌두의 우주생성론에 의하면 이것들은 절대의 가장 초기의 가장 미세한 물질화 현상임. 미세한 층위에서 존재하는 모든 것들을 구성함. 특별한 방식으로 서로 결합하여 그로스(눈에 보이는) 부타를 이루고, 물리적 우주와 생물을 형성하는 단위로서 사용됨.

Brahma(n) 브라흐마(만); (문자 그대로는, 위대한 하나의 뜻) 비인격신, 절대적 실재.

Brahma 브라흐마; 창조자로서의 신, 힌두 삼일신(三一神)의 하나, 지속자(持續者)인 비쉬누, 파괴자인 시바가 다른 두 신들이다. 또한 창조된 존재 가운데 그 첫째인 우주적 지성 히란야가르바를 가리키기도 한다. 이 경우 힌두 신격의 하나.

Brahmaloka 브라흐마로카; 히란야가르바에 의해 거주되는 최상승의 세계.

britti 브리티; 잔물결, 마음을 물로 보면 거기 일어나는 온갖 동요 현상. 우주의 모든 현상.

buddhi 부디; 마음의 한 기능인 지능(知能), 지력(知力). 미세체의 최초 최고의 구성요소이다. 불이론적 베단타 철학에 의하면, 이것에 의해 진짜 셀프(자기)는 행위와 경험의 주체가 되는 개인으로서의 영혼이라는, 환영적 모습을 나투게 된다.

chaitanya 차이타니아; 의식(意識)

Chaitanyamayi 차이타니아마이; 모든 의식(意識), 신적 어머니의 한 속성이다.

darshana 다르샤나; 철학, 시각, 보는 것.

Darshana 다르샤나; 힌두철학 체계.

Devaloka 데바로카; 높은 세계의 하나, 신격(神格)들의 세계.

Deva-yajna 데바-야기아; 모든 재가자들에게 하도록 한, 다섯 희생제 중의 하나. 여러 신격들에게 봉헌이 이루어진다.

devata 데바타; 남신과 여신. 신격(神格).

dharana 다라나; 하나의 대상에 마음을 고정하려고 반복적으로 시도함.

dharma 다르마; (문자 그대로는, 어떤 것의 존재를 떠받친다는 뜻) 근원적 성질, 종교, 의무 규정, 의무 등의 뜻이 있음.

dhyana 디아나; 명상, 숙고, 하나의 대상에 대한 끊임없는 집중의 상태.

Durga 두르가; 특정 형태를 지닌 신적 어머니로서의 신의 이름.

Ganapati(Ganesha) 가나파티(가네샤); 힌두 신격의 하나, 한 힌두 교파가 택한 특정한 형상의 신.

gauna 가우나; 이차적인, 간접적인.

헌두의 모든 것

guru 구루; 영적 인도자.

Hiranyagarbha 히란야가르바; 우주적 지성, 힌두의 한 신격. 이를 통해 신이 물리적 우주를 사출(射出)하는, 피조물 중의 가장 높은 존재. 브라흐마, 프라나, 수트라트마, 아파라-브라흐만, 마하트 브라흐만 등으로 불리기도 함.

Indra 인드라; 힌두 신격의 하나.
indrya(s) 인드리아; 눈에 보이는 물리적 몸에서의 지식과 행동의 도구인 눈, 귀, 손, 발 등에 대응하는, 미세몸에서의 미세한 감각기관.
Ishta 이쉬타; (문자대로 하면 욕망의 대상), 영적 지망자가 그것을 통해 신을 숙고하는 특정한 형태의 신격으로서의 이상화된 전형을 말한다. 희생제의라는 뜻도 있다.
Ishta-nishtha 이쉬타- 니쉬타; 자신의 선택된 전형에 대한 단호한 헌신.
Ishwara 이시와라; 최상급 통치자, 창조의 주님, 신.
Ithihasa 이티하사; 역사(歷史, 자주 신화와 전설이 함께 섞인).

jagat 자가트; 세계, 우주, 세상.
jiva 지바; 영혼. 살아 있는 존재를 말하기도 함.
jivanmukta 지반묵타; '살아 있는 동안 해탈한'의 뜻. 죽기 전에 해탈의 목표에 도달한 사람.
jivatman 지바트만; 한 개체의 영혼.
jnana 기아나; 지식. 특별히 영원한 진실에 관한 지식.
Jnana-kanda 기아나-칸다; 영원한 진리에 관한 베다의 부분(주로 우파니샤드나 브라흐마나스의 어떤 부분)
Jnana-yoga 기아나-요가; 지식의 길, 영적 훈련의 기본 네 길 중 하나.

Kali 칼리; 특정한 형태의 신적 어머니로서의 신의 이름.
kama 카마; 욕정, 욕망
karana 카라나; 원인, 드러나지 않는 잠재적 원인으로 있다가 적절한 시간이 지나면 눈에 드러나는 결과로서의 모양을 가지게 된다. 붕괴 시기에 우주의 물적 원인으로 이 상태에 있게 된다. 이를테면 잠재적 상태의 우주에너지 같은 것이다.

252

Karana-sharira 카라나 샤리라; 원인의 몸. 깊은 잠에 빠지면 지성, 마음, 감각 기관 등이 드러나지 않는 잠재적 상태로 환원된다. 의식(영혼)과 가장 가까이 있는 덮개이며 축복의 덮개로도 불린다.

karma 카르마; 행위, 행동, 일, 의무.

Karma-kanda 카르마-칸다; 제의를 주로 다루는 베다의 부분.

Karma-yoga 카르마-요가; 행위의 길, 네 가지 근본 영적 수행 중 하나.

Kosha(s) 코샤; 덮개, 칼집. 의식(영혼)을 싸는 덮개. 다섯 개의 동심원으로 된 덮개로 제일 겉은 물리적 물질인 음식으로 된 것, 제일 안쪽은 축복의 덮개로 되어 있고 그 안에 의식(영혼)이 자리한다.

Krishna 크리슈나; 비쉬누(유지 및 지속의 신)로 화신한 신의 하나.

lila 릴라; 놀이. 신의 놀이로서 바라보게 된 우주.

linga 링가; 기호(記號), 상징, 시바링가.

loka 로카; 살아 있는 존재가 사는 모든 세계.

madhura 마두라; 신을 연인으로 보고 신과의 사랑의 관계를 드러내는 신자의 태도.

mahima 마히마; 위대함, 영적인 힘.

manana 마나나; 숙고 반성, 특히 영원한 진리에 대한. 세 가지 지식의 길에서의 두 번째 단계.

manas 마나스; 마음.

manava dharma 마나바 다르마; 인간의 필수적 본성, 인간의 종교.

mantra 만트라; 제의와 연관되어 염송되는 성스런 언구(言句), 혹은 신자들이 반복적으로 외는 신비스런 음절.

Marga 마르가; 길, 방향.

mithya 미티아; 거짓의, 환상의, 부적절한.

mukta purusha 묵타 푸루샤; 모든 종류의 속박에서 놓여난 사람.

mukti(moksha) 묵티(목샤); 모든 종류의 속박에서 놓여남. 절대적 자유. 영적 노력의 목표.

Narayana 나라야나; 비쉬누의 다른 이름.

nididhyasana 니디디아사나; 셀프 지식에 집중하는 것. 명상. 지식의 세 길에서의 마지막 단계.

Nigama 니가마; 탄트리카 문헌의 한 종류.

Nirakara 니라카라; 형체가 없음.

Nirguna 니르구나; 속성(屬性)이 없음.

nirvikalpa samadhi 니르비칼파 사마디; 우주의 영과 절대적 하나가 되었을 때
깨닫게 되는 최고도의 의식 상태.

nirvikara 니르비카라; 변하지 않는, savikara의 반대말.

nitya 니티아; 영원한, 변하지 않는, 고유한, 타고난.

Nivritti Marga 니브리티 마르가; 욕망 포기의 길.

niyama 니야마; 라자-요가의 준비 단계로서의 윤리적 훈련.

Nrisimha 느리심하 널심하; 사자 인간, 힌두 신화에 나오는 신의 현신 중 하나.

nyasa 니아사; 육체적 몸을 정화하기 위한 탄트리카 예배 중의 제의적 과정.

papa 파파; 죄, 나쁜 행동.

Papa purusha 파파 푸루샤; 의인화된 악.

para bhakti 파라 박티; 최상의 헌신, 신에 대한 최상의 사랑.

Parabrahma(n) 파라브라흐마; 최상의 실재, 절대.

Para Prakriti 파라 프라크리티; 신이 개개의 영혼(의식)으로 나타나는
(appear) 고등(高等)한 우주에너지.

Paramatman 파람아트만; 최상의 셀프, 우주적 영.

Parameshwara 파람이시와라; 최상의 창조주, 신.

Pitriloka 피트리로카; 죽은 조상들의 세계.

Pitri-yajna 피트리-야기아; 죽은 조상들을 기쁘게 하기 위한 봉헌물.

prabuddha 프라붓다; 깨어나, 궁극의 실재를 알게 된.

Prajna 프라기아; 베단타 철학에서, 원인 상태에 있을 때(깊은 잠 같은)의 개
체를 이르는 이름. 최상의 실재인 이시와라가 개체 차원의 원인 상태라는 가
리개[veil]를 통해 이렇게 나타난다.

prakriti 프라크리티; 물질, 자연, 우주. 현상적으로 드러나 있는 세계. 의식(意
識, purusha, 푸루샤)에 대응하는, 의식이 아닌 그 밖의 모든 것.

Prakriti 프라크리티; 우주 에너지, 되어가는(생성生成, becoming) 신적 힘.

Pralaya 프랄라야; 완전한 흡수, 병합. 붕괴. 용해(溶解). i)우주가 보이지 않는
직접적 원인 상태, 다시 말해 드러나지 않는 우주에너지로 용해되어 들어가는

산크리스트어 용어 해설

것. 혹은 ii)절대 실재의 궁극적 기층(基層, substratum)으로 들어가는 것.

Prama 프라마; 진실한 지식.

Prameya 프라메야; 지식의 대상.

Pramata 프라마타; 진실한 지식을 지닌 사람. 지식의 주체.

prana 프라나; 활력 에너지. prana 심리 및 감정기능, apana 소화 및 생식기능, samana 소화기능, udana 호흡 및 뇌기능, vyana 심혈관 및 신경기능의 다섯 가지 다른 생리적 기능과 연관된 다섯 가지의 에너지로 구성됨.

pranamaya kosha 프라나마야 코샤; 활력 에너지의 덮개.

pranayama 프라나야마; 마음 집중을 향한 한 단계로서의 호흡 훈련.

pratika 프라티카; 예배나 영적 숙고를 용이하게 하기 위한, 신이나 신격을 나타내는 상징.

pratima 프라티마; 앞의 항목에서와 같은 목적으로 사용하는 이미지.

Pravritti Marga 프라브리티 마르가; 욕망의 길-영적 훈련을 위한 예비적 과정.

punya 푼야; 덕행(德行).

Purana(s) 푸라나; 신화나 전설을 통해 영적 가르침을 전하는 인기 있는 영적 문헌의 한 종류.

purna 푸르나; 전부, 전체의, 충만한, 완전한.

Purusha 푸루샤; 우주적 존재, 의식(cinsciousness, awareness), 셀프(self), 영혼, 영원.

Raja-yoga 라자-요가; 정신 집중의 방법, 네 가지 기본적 영적 훈련의 하나.

rajas 라자스; 우주에너지 세 구성 요소 혹은 세 측면 중의 하나. 모든 변화를 유발하는 역동적 원칙. 이것을 통해 절대가 우주라는 모습으로 드러난다(appear). 개체에 있어 이 측면이 우세하면 열정이나 초조함이 생긴다.

rajasika 라자시카; 라자스가 우세하여 기운차고, 야망이 강하며 초조한 성품이 되는.

Rama(chandra) 라마(찬드라); 비쉬누로 환생한 신(지속의 신). 바이쉬나바 교파에서 선택되는 궁극의 신의 하나.

rishi 리쉬; 신을 본 사람. 현자.

rupa 루파; 형상, 형태, 모양.

sadhaka 사다카; 영적 훈련의 과정을 따라가는 지망자.

sadhana 사다나; 영적 훈련 혹은 영적 열성.

Saguna 사구나; 속성을 지니는(Nirguna의 반대)

Sakara 사카라; 형태를 지니는(Nirakara의 반대)

Sakshi-chaitanya 샥시-차이타니야; 심적 작용을 알아차리는 것으로서의 의식(意識). consciousness, awareness.

samadhi 사마디; 탁월한 집중, 무아(無我), 최상의 의식 상태.

Samhita(s) 삼히타; 베다의 두 기본 파트 중의 하나. 송가(頌歌)와 성구(聖句)들로 이루어진다. 또 다른 기본 파트가 브라흐마나[Brahmana]이다.

samsara 삼사라; 윤회(輪廻), 전생(轉生). 세상, 세상적 삶.

samskara(s) 삼스카라; 마음에 남은 미세한 인상(전생에 겪었던 경험들이 이 상태로 마음에 보존된다). 여러 생의 카르마에 의해 형성된 경향성의 바탕이 된다.

samsriti 삼스리티; 반복되는 윤회(여러 번의 태어남과 죽음에 의한).

Sannyasa 산야사; 사회적 관계의 포기. 힌두의 인생 단계(아쉬라마) 중 가장 마지막의 단계. 완전한 포기. 출가.

Sannyasi 산야시; 완전한 포기의 삶을 받아들인 사람. 힌두 승려. 인생 네 단계 중 마지막 단계에 이른 사람.

Satchidananda-sagara 사트치트아난다-사가라; 존재, 인식, 축복의 큰 바다. 말로 표현하기 힘든 절대의 실재를 암시하는 은유적 표현.

sattwa 사트바; 세 가지 우주에너지의 구성 성분 혹은 속성 중의 하나. 개체의 경우 이것이 우세하면 순수함, 평정, 또렷한 안목이 만들어진다.

satya 사티아; 진실, 진짜.

Saura 사우라; 수리아로서의 신을 경배하는 힌두 교파.

savikara 사비카라; 변하는.

Shad-Darshana 샤드 다르샤나; 여섯 개의 힌두철학 체계. 푸르바(초기)-미맘사, 니아야, 바이쉐시카, 요가, 상키아, 베단타[우타라(후기)-미맘사] 등이 있다.

Shaiva 샤이바; 시바로서의 신을 경배하는 힌두 교파.

Shaiva Agama(s); 샤이바 교파의 영적 텍스트들 중의 한 종류.

Shaka 샤카; 신적 어머니로서의 신을 경배하는 힌두 교파.

shakti, Shakti 샥티; 탄트리카에서 신적 어머니로서의 신을 이르는 일반적 이름. 영원한 존재의, 창조 지속 붕괴의 최상위 힘으로서의 역동적 면을 의미한다. 생성(生成, becoming)의 신적 힘, 우주에너지.

Shalagrama-shilla 샬라그라마-실라; 비쉬누로서의 신을 상징하는 둥근 돌멩이. 돌 위에 특유의 무늬가 있다.

shanta 샨타; 인격적 신의 무한한 영광을 숙고하는 신자(信者)의 (감정이 배제된) 고요한 태도. 신과의 어떤 세속적인 관계도 표현하지 않는다.

sharira 샤리라; 몸(體).

Shastra(s) 샤스트라; 힌두의 삶과 행동을 지배하는 경전들.

shabda 샵다; 소리, 소리 감각.

Shiva 시바; 시바 교파에서 선택된 궁극(窮極). 신의 특정한 형태. 붕괴의 신을 표현하는, 힌두 삼신(三神) 중의 하나. 창조는 브라흐마, 지속은 비쉬누가 따로 있다.

Shivalinga 시바링가; 돌, 금속, 흙으로 만들어진, 시바로서의 신의 상징.

shravana 슈라바나; 지식의 길에서의 영적 훈련 세 단계 중 첫 단계. 영적 지도자나 경전으로부터 영원한 진리에 대해 듣는 것을 말한다.

shreya 슈레야; 궁극적 선. 완전함 혹은 영원한 행복.

Shruti 슈루티; 계시된(어디로부터 들려온) 지식. 베다.

shunya 슌야; 공(空) void.

siddha 싯다; 해방의 목표에 이른 사람.

siddhi(s) 시디; 초능력. 불가사의한 힘.

shloka 슐로카; 시, 운문, 찬양가, 운율을 지니고 있다.

Smriti(s) 스므리티; 베다를 제외한 모든 경전. 사회나 가정의 법도를 규정한다.

Sthiti 스티티; 창조와 붕괴 사이의 기간 동안의 우주의 상태를 이르는 말.

sthula 스툴라; 육안에 의한, 물리적인, 육체적인, subtle(미세한 신비한 sukshma)과 causal(원인의 karana)에 대비된다.

Surya 수리야; 태양, 해. 힌두 신격(神格)의 하나.

sushupti 수슙티; 꿈 없는 깊은 잠.

sutra(s) 수트라; 아포리즘. 어떤 교훈을 담고 있는, 거의 제문(祭文)을 연상시키는 간결한 경구.[여러 다른 주제들이 힌두 작자(作者)들에 의해 간결한 발언을 통해 요약되어 있다.]

Swadha 스와다; 생성의 신비한 신적 힘으로 해석되는 힌두 단어. 마야[Maya] 혹은 아비디아[Avidya] 등과 같다.

swadharma 스와다르마; 개체의 인생 단계나 사회적 위치에 따른, 힌두의 종교나 의무 규정.

Taijasa 타이자사; 꿈속에 있거나 미세한 상태에 있는 어떤 개체를 이를 때 힌두철학에서 쓰는 이름. 최상의 실재가 미세한 몸에 의해 가려지거나 채색될 때 타이자사로 나타난다.

tamas 타마스; 우주에너지 세 구성 요소 혹은 세 측면 중의 하나. 본질상, 나태, 무지, 무력함, 무감각으로 나타난다. 개체에 있어 이 측면이 우세하면 게으름과 무지가 생긴다.

tamasika 타마시카; 무력하고 의식하지 못하는.

Tantra 탄트라; 신을 신적 어머니로 표현하면서, 정교하고 때론 비의적인 제의를 제시하는 (베다에서 유래하지 않은) 일단의 경전 텍스트. 아가마와 니가마의 주 종류가 있다. (샤이바교파와 바이쉬나바교파의 어떤 경전들도 탄트라라 불리기도 한다.)

Tantrika 탄트리카; 신적 어머니로서의 신을 경배하는 힌두 교파.

tejas 테자스; 빛, 불. 아그니^{agni}와 동의어.

upadhi 우파디; 그 아래에 있는 또렷한 본질을 덮거나 채색하는, 겉에 덧씌워진 물체나 속성. 제한적 부가사(附加詞). 절대(絶對)에 제한적인 시점을 제공하여 상대(相對)로 드러나게 하는 여하한의 중첩적 작용을 이르는, 베단타 철학에서 쓰는 전문적 용어.

Upanishad(s) 우파니샤드; 삶의 영원한 진리나 존재에 대해 천착하는, 베다에 포함되어 있는 널리 읽히는 힌두 경전.

vada 바다; 교리, 교의, 신조, 학설.

Vaishnava 바이쉬나바; 비쉬누로서의 신을 경배하는 힌두의 한 교파.

Varuna 바루나; 힌두의 한 신격(神格).

vayu 바유; 공기. 힌두의 한 신격.

vedana 베다나; 느낌, 감각, 고통.

Vedanta 베단타; 말 그대로는 베다의 끝, 베다의 종착지, 우파니샤드를 가리킴. 우파니샤드에 바탕을 둔 힌두사상의 한 학파. 순수 불이론과 조건부 불이론의 교리를 가진다. 이 학파의 근본 교리 텍스트는 비아사^{Vyasa} 현자가 책으로

엮은 베단타 다르샤나, 우타라 미맘사, 브라흐마 수트라 등이다.

Virat 비라트; 베다의 한 신격. 전체 물리적 우주를 자신의 몸으로 지닌 우주적 존재.

Vishnu 비쉬누; 지속과 유지Preserver의 신. 나라야나Narayana로도 불리는 힌두 삼신 중의 하나(라마와 크리슈나는 비쉬누의 현신으로 여겨진다).

viveka 비베카; 식별. 분간.

vritti 브리티; 마음에 일어나는 물결. 조건, 방식, 기능, 개조.

yajna 야기아; 희생제(犧牲祭).

yama 야마; 라자-요가에서 도덕적 훈련 코스로 되어 있는 예비 과정.

yoga 요가; 신과의 연합. 그런 연합을 위한 여하한의 영적 훈련 과정, 마음의 집중, 라자-요가 등을 이른다.

yogi 요기; 신과의 연합을 진지하게 추구하는 사람. 영적 훈련 과정을 거쳐가는 지망자. 라자-요가의 계획된 과정을 추구해나가는 사람. 모든 조건에서 완전히 흔들리지 않는 마음을 지닌, 영적으로 향상된 사람.

역자 후기

    수련의 시절, 생후 석 달된 선천성 심장기형 아기가 수술 후 사망에 이르게 되어 서울 근교 부천인가의 가난한 집으로 호흡기를 단 채 퇴원한 적이 있다. 병원차에 실려, 아기를 흰 시트에 싸안고 한 손으로 호흡기를 짜면서 그 집으로 갔다.(급박하게 살던 당시의 우리는 외람되게도 이를 '배달'이라고 불렀다.) 검은 먼지가 물기에 섞여 뒹구는, 남루하고 찌든 집에 아기를 내려놓고 호흡기를 제거한 후 돌아서던 나는, 아기의 할머니가 죽은 아기의 뺨을 때리는 것을 보아야 했다. 석 달 난, 병으로 죽은 아기를. 그런 후 10년쯤 지난 뒤에는, 전날 이른 오후부터 다음날 늦은 새벽까지 심폐소생술을 받고 되살아나 병실로 올라간 청년 환자가, 얼마 후 자살했다는 소식을 듣기도 했다.

    우리는 어디서 와서, 무엇 때문에 와서, 또 어디로 가는 것인가? 우주와 생명과 의식은 과연 어떻게 생겨난 것인가? 나는 이 물음을 지우고 살 수는 없었다. 전쟁이 있었다면 그리 못했을 것이었겠지만⋯. 물론 서양의 어떤 사람은 격한 전쟁이 수십

261

년 동안 없는 시절을 살아가고 있는 우리는 행복한 세대라고 말하기도 했다. 그러나 전쟁 중이더라도 이 물음이 완전히 지워질 것 같지는 않다. 철학적인 물음과 답으로 빼곡한 바가바드기타가 쿠룩쉐트라의 참혹한 전쟁의 한가운데서 씌어진 것을 보면 짐작이 간다. 죽음은 최대의 과제이다. 인간들의 모든 일이 이 '죽음 피하기 프로젝트^{immortality project}'라고 말한 사람도 있다.

조금 친절하고 자세한 설명을 할까 하고도 생각했지만 다음으로 미루기로 했다. 어차피 이 공부는 발바닥에 스스로 칼집을 내면서 가야 하는 길이다. 산스크리트어는 영어로 음역(音譯, transliteration)된 것을 우리글로 또 바로 음역한 것이다. 과문한 나는 산스크리트 한글사전이나 표준산스트리트용어집을 만나지 못했다. 특히 영어의 Hinduism과 Hindu는 힌두교나 인도인으로 변역하는 것이 통상적이겠지만, 문맥에 따라 힌두, 힌두이즘, 힌두교, 인도, 인도인 등으로, 될 수 있는 한 자연스럽게 융통을 부렸다. 모든 잘못은 역자에게 있다.

용어의 혼란은 너무도 명확하다. 그중에서도 영혼이나 마음이라는 단어들은 참혹할 정도로 혼란스럽다. 중국과 한자를 거쳐 우리에게 전해진 불교나 힌두철학은 저주스러울 정도로 윤색되어 불필요한 수고와 낭비를 강요한다. 다이아난다(Swami Dayananda, 1930-2015)라는 동시대의 인도 승려는 영혼이라는 말은 쓰지 않아야 한다고 했다. 대신 의식이라는 말로 쓰자고 한다. 공감한다. 마음과 영혼과 의식이라는 말의 혼돈 때문에 얼마나 많은 낭비가 이루어지고 있는가? 누군가는 혜가처럼 팔을 잘라서라도 바로 잡아야 한다. 공(空, Sunya)도 마찬가지다. 나가르주나는 붓다가 공을 말한 것은 고통을 이겨내려는 방편으로였다고 했다. 그 공을 목적으로 하고 그것을 실체로 보면 마치 뱀의 꼬리를 움켜쥔 것과 같아서 언젠가는 뱀에 물리고 만다고, 그런 사람은 결코 구제할 수 없다고 했다. 반야심경을 '내가 없다'라는 만트라로 만들어서 외고 계시던 스님도 생각난다.

이 길을 가는 것은 면도날 위를 걸어가는 것과 같다고 어느 우파니샤드는 말했다. 이 땅에서의 굴절된 가르침들에는 너무 커다란 논리의 틈들이 있어 도무지 납득하기가 힘들었다. 결국은 허무였다. '나는 혀가 없다.'고 크게 외치는 사람은 스스로를 부끄러워해야 할 사람일 뿐이다. 설탕을 달게 하려고 설탕을 더할 수는 없다.

내가 좋아하던 베토벤과 브람스, 발터 벤야민과 선친이 살다 가신 햇수보다 더 길게 살게 되었다. 게을렀다. 송구하다. 40년 전쯤 김화영 선생이 장그르니에를 번역했을 때, 처음 샨카라란 이름을 만났었다. 「상상의 인도」란 글에서였다. 천삼백 년 전 남인도에서 살다간, 그 샨카라차리아의 말을 여기에 옮겨 적는다. '브라흐마 사티암 자가트 미티아(Brahma satyam Jagat mithya)-의식만이 존재하고, 우주는 헛것인 것을.'

이제 찾는 것을 그쳐야 할 때가 되었다. 천천히 우파니샤드를 읽고 싶다.

2022년 10월
김우룡